Deutschland aus der Luft

Deutschland aus der Luft

fotografiert von Dirk Laubner

 nicolai

Vorwort

Erstaunlich rasch wechselt die Landschaft, wenn man Deutschland von Nord nach Süd überfliegt. Zwischen Nord- und Ostsee auf der einen, den Alpen und dem Bodensee auf der anderen Seite erstreckt sich ein Land mit erstaunlich vielen Gesichtern und Facetten.

Die deutsche Geschichte und auch die gesellschaftliche Gegenwart Deutschlands ist ohne die Vielfalt regionaler Temperamente nicht zu verstehen. Diese wurzeln nicht zuletzt in den unterschiedlichen Natur- und Kulturlandschaften. Der flache Norden mit seinen Küsten, Hafen- und Hansestädten, seinen Stränden, grünen Ebenen und roten Backsteinbauten steht dem Alpenvorland und den abwechslungsreichen Höhenzügen des Südens, ausgedehnten Wäldern, Obstplantagen und Weinbergen gegenüber. Dazwischen erstrecken sich die Landschaften der großen Flüsse und Ströme, fruchtbare Ebenen und die reizvollen kargen Mittelgebirge. Mitten in diesen Landschaften entwickelten sich, zunächst meist als regionale Handelszentren, die verschiedensten Formen von Metropolen. Auch deren Struktur und Besonderheit lässt sich von oben besonders gut unterscheiden – von den Seehäfen über die Residenzstädte bis hin zu den Millionencitys.

All dies sieht und erkennt man aus der Vogelperspektive deutlicher, als man es auf einer bodenständigen Deutschlandreise je erfassen könnte. Aber der Blick auf die fotografierte Luftreise über Deutschland zeigt noch mehr, für manchen vielleicht überraschend: Allgemein als Industrienation bekannt und wahrgenommen, erscheint das Land jenseits der Metropolen als kultiviertes Agrarland, mitunter auch urwüchsig-natürlich, vielerorts als gewachsene Geschichtslandschaft mit uralten Wurzeln. Davon zeugen auch die mittelalterlichen Burgen und die Schlösser aus den verschiedenen Epochen. Sie sind Marksteine in der Landschaft und längst Teil von ihr. Das gilt erst recht für die großen Gartenanlagen, in denen Kunst und Natur verschmelzen. Gerade sie sind aus der Vogelperspektive besser zu erkennen und zu verstehen als aus jedem anderen Blickwinkel.

In dieser gewachsenen, im Kern sehr alten Natur- und Kulturlandschaft haben sich aber auch Höhepunkte und Zentren einer hochmodernen technischen und gesellschaftlichen Entwicklung herausgebildet – von der ingenieurtechnischen Meisterleistung des Wasserstraßenkreuzes bei Magdeburg bis zur Finanz- und Hochhausmetropole Frankfurt am Main, deren Flughafen Deutschlands Tor zur Welt und für viele Besucher umgekehrt das Eingangstor zum Besuch des Landes ist.

In zahllosen Flügen über Deutschland hat Dirk Laubner immer wieder charakteristische Ansichten festgehalten – für diejenigen, die das Land kennen (oder zu kennen glauben) ebenso wie für diejenigen, die es auf diese einzigartige Weise kennen lernen wollen.

Introduction

Flying across Germany from north to south it is striking how quickly the landscape changes. The country which unfolds itself between North Sea and Baltic Sea on one end, and the Alps and Lake Constance on the other, has a surprising number of faces and facets.

German history, and likewise the German society of today, cannot be understood without looking at the great variety of its regional temperaments. And these are, to an extent, rooted in the different natural and cultural landscapes. There is the flat north with its coastal towns, its ports and Hanseatic cities, its beaches, green plains and red-brick buildings, as opposed to the Voralpen region in front of the Alps and the varied mountain ranges of the south, as well as extensive forests, fruit plantations and vineyards. In-between lie the landscapes of the big rivers, fertile plains and the more austere, yet appealing low mountain areas. Amidst these landscapes, all kinds of metropolitan centres have developed, most of which were initially regional capitals of commerce. Their structures and individual features can be distinguished particularly well from above – this applies to the seaports as well as the former royal capitals or the densely populated major cities.

From a bird's-eye-view, all this becomes visible and recognisable in a much clearer fashion than on any "down-to-earth" tour through Germany. But the views in this photographic journey across Germany reveal more, which for some may come as a surprise: away from its metropolitan centres the country which is generally known and perceived as an industrial nation shows itself as a cultivated agricultural land, with areas of untamed nature, and in many places as an historical landscape grown from ancient roots. The castles of medieval and later origins are, of course, also witnesses to history. They are the landmarks of the landscapes around them, of which they have long since become a part. This is true even more so for the great parks in which art and nature melt into each other. They in particular can be much better discerned and appreciated from a bird's-eye-view than from any other perspective.

Yet, within this naturally and culturally grown landscape and its very old historical core, there are highlights and centres of very modern developments in terms of technology and society – from the engineering masterpiece of the waterway intersection near Magdeburg to the financial and high-rise metropolis of Frankfurt, whose airport is Germany's gate to the world and, vice versa, the entrance to the country for many visitors.

During innumerable flights over Germany, Dirk Laubner has captured many characteristic views – for those who know the country (or believe they do) as well as those who would like to get to know it in this unique way.

Préface

Lorsqu'on parcourt l'Allemagne de nord en sud, il est étonnant de voir à quelle vitesse le paysage change. Entre la Mer du Nord et la Baltique d'un côté, les Alpes et le lac de Constance de l'autre, s'étend un pays aux visages et facettes les plus divers.

L'histoire de l'Allemagne, mais aussi la société allemande telle qu'elle est aujourd'hui, ne peuvent être comprises sans tenir compte des multiples caractères régionaux qui façonnent ce pays et s'enracinent d'abord dans des paysages naturels et culturels très différents. Les terres planes du nord, avec leurs côtes, plages, ports et villes hanséatiques, puis leurs étendues vertes et leur architecture de brique rouge, s'opposent aux Préalpes et aux mouvantes montagnes du sud plantées de vastes forêts, de cultures fruitières et de vignobles. Les terres du milieu sont celles des cours d'eau et grands fleuves qui sillonnent des plaines fertiles et des moyennes montagnes d'un dénuement plein de charme. Au cœur de ces paysages se sont développés des centres de commerce régionaux d'abord, qui ont revêtu ensuite les formes de métropoles les plus diverses. Leur structure et leurs particularités sont facilement reconnaissables depuis le ciel – des ports maritimes aux cités tentaculaires en passant par les villes de résidence.

La perspective aérienne donne un aperçu bien plus clair de ces différences que ne le ferait un voyage sur la terre ferme à travers l'Allemagne. Mais le regard sur ce périple en photographies offre encore beaucoup plus que cela, et d'aucuns seront surpris : généralement connu et considéré comme une nation industrielle, ce pays montre, au-delà des métropoles, des terres agricoles pour certaines d'un naturel proche des origines, et un paysage historique d'une authenticité aux profondes racines. En sont aussi témoins les forteresses moyenâgeuses et les châteaux de toutes époques, bornes de l'histoire qui marquent le paysage et lui appartiennent déjà depuis bien longtemps. Il en va de même pour les jardins publics, où art et culture fusionnent. La perspective aérienne est meilleure que tout autre point de vue pour les reconnaître et en comprendre l'aménagement.

Ces paysages dont la nature et la culture ont une âme très ancienne ont cependant aussi vu se former en leur sein des centres et points culminants d'un développement technique et social ultramoderne – depuis l'exploit en ingénierie que constitue le croisement de voies navigables à Magdeburg jusqu'à la métropole de la finance et des gratte-ciel de Francfort-sur-le-Main, dont l'aéroport constitue la porte cochère de l'Allemagne sur le monde, et à l'inverse la porte d'entrée du pays pour de nombreux visiteurs.

Au cours de ses nombreux vols au-dessus de l'Allemagne, Dirk Laubner a capturé pour nous des vues aussi remarquables les unes que les autres, tant pour ceux qui connaissent le pays (ou croient le connaître) que pour ceux qui souhaitent le découvrir de cette façon si particulière.

Prólogo

Si sobrevolamos Alemania de norte a sur, el paisaje cambia con una rapidez sorprendente. Entre el Mar del Norte y el Báltico por un lado y los Alpes y el Lago de Constanza por el otro se extiende un país con una variedad sorprendente de caras y facetas.

La historia y la actualidad social alemanas no se pueden comprender sin la diversidad de caracteres regionales, que están enraizados en gran medida en los diferentes paisajes naturales y culturales. El llano norte con sus costas, ciudades portuarias y hanseáticas, sus playas, verdes planicies y edificios de ladrillo rojo, contrasta con la región prealpina y la heterogénea área montañosa del sur con sus extensos bosques, huertos y viñedos. En medio se extienden las regiones de los grandes ríos y canales, las fértiles cuencas y la fascinante y áspera región montañosa central. En estos parajes se desarrollaron, al principio sobre todo como centros del comercio regional, distintos tipos de ciudad. Desde el aire se distingue especialmente bien su estructura y sus características – desde los puertos marineros, pasando por las ciudades residenciales hasta los grandes centros financieros.

La perspectiva aérea ofrece una visión mucho más clara de todo ello que cualquier viaje a ras del suelo por Alemania. Pero aún hay otra cosa que el viaje fotográfico a vista de pájaro por Alemania demuestra, y que tal vez pueda sorprender a algunos: conocido y percibido en general como estado industrial, más allá de las ciudades el país se presenta como una región agrícola, a veces incluso con una naturaleza virgen, en muchos lugares como un paisaje histórico desarrollado a partir de raíces antiquísimas. Testimonio de ello son por ejemplo los castillos medievales y los palacios de las distintas épocas. Son hitos del paisaje y ya hace mucho que forman parte de él. Es también el caso de los grandes jardines, donde se funden el arte y la naturaleza, y que la perspectiva aérea permite reconocer y comprender mejor que cualquier otra perspectiva.

Pero en este paisaje natural y cultural desarrollado desde un núcleo muy antiguo, también destacan centros de un desarrollo técnico y social altamente modernos – desde las grandes obras de ingeniería del cruce de canales junto a Magdeburgo hasta la metrópolis financiera y de los rascacielos de Frankfurt, cuyo aeropuerto es la puerta al mundo para Alemania y, al revés, para muchos visitantes de fuera la puerta de acceso al país.

En innumerables vuelos sobre Alemania, Dirk Laubner ha captado diversas vistas características – para quienes conocen (o creen conocer) el país tanto como para quienes quieran conocerlo de esta manera insólita.

Prefazione

Sorvolando la Germania in aereo, il paesaggio che si presenta muta con inaspettata rapidità: tra il Mare del Nord ed il Baltico a nord e le Alpi ed il Lago di Costanza a sud, si estende un territorio incredibilmente eterogeneo, ricco di sfumature.

Se non si tiene conto della pluralità dei caratteri regionali - radicati anche nei differenti habitat naturali e culturali - non si possono comprendere né la storia né l'attuale assetto sociale della Germania. Le coste, le città portuali e quelle anseatiche, le spiagge, le verdi pianure e le case in mattoni rossi del nord si contrappongono alle regioni prealpine ed alle mutevoli catene montuose, alle estese foreste e ai vasti frutteti e vigneti del sud. Al centro, tra questi due estremi, si stendono i territori attraversati dai grandi fiumi e corsi d'acqua, pianure fertili e gli incantevoli seppur brulli paesaggi della regione del Mittelgebirge. Circondate da questi paesaggi, e partendo generalmente da nuclei mercantili di rilievo regionale, si sono sviluppate nel tempo le più svariate forme di metropoli. Anche in questo caso, dall'alto è possibile individuare con particolare chiarezza i diversi assetti e le peculiarità territoriali, dai porti marittimi alle città residenza fino alle grandi metropoli.

Dalla prospettiva aerea simili dettagli si possono captare molto più chiaramente che non viaggiando per il paese via terra. Osservando, poi, le foto scattate nel corso di quest'esplorazione aerea della Germania, l'occhio scopre sempre nuovi particolari, per alcuni forse sorprendenti. Conosciuta e percepita, in generale, come nazione prettamente industriale, al di là dei confini delle sue metropoli la Germania si rivela, invece, un paese dal volto agricolo, con lande accuratamente coltivate, e talvolta inframmezzate da una natura addirittura selvaggia, un volto non di rado contrassegnato da luoghi storici dalle radici antichissime. Una storia di cui sono testimoni anche i manieri medievali ed i castelli delle più varie epoche, capisaldi immersi nel paesaggio e ormai parte integrante di esso. Questo vale in particolare per i grandi parchi, dove natura e cultura si fondono indissolubilmente e che dall'alto si distinguono e intuiscono molto meglio che da qualsiasi altra prospettiva.

Ma nel mezzo di questa natura composita e coerente, di questo paesaggio naturale e culturale con origini molto arcaiche, si sono sviluppati anche centri altamente specializzati, espressione di un'evoluzione tecnica e sociale all'avanguardia, come il capolavoro d'ingegneria idraulica rappresentato dal viadotto di convogliamento che - incanalando le acque del Mittellandkanal - scavalca l'Elba nei pressi di Magdeburgo, o come l'aeroporto della modernissima metropoli finanziaria di Francoforte sul Meno, per la Germania principale porta verso il resto del mondo e per molti visitatori stranieri accesso privilegiato al paese.

Le singolari vedute catturate dall'obiettivo di Dirk Laubner, nel corso di numerosissimi voli nei cieli della Germania, sono una rivelazione sia per coloro che conoscono (o credono di conoscere) il paese, sia per chi desideri conoscerlo da quest'originale prospettiva.

はじめに

ドイツを北から南に飛ぶと、驚くほど景色が早変わりする。北海とバルト海の間、そしてまたアルプスとボーデン湖の間に、実にたくさんの顔とニュアンスを見せてひとつの国が広がる。

ドイツの歴史とドイツの現代社会は、地域ごとの気質の多様さなくしては理解しえない。そしてそれはさまざまな自然と文化の景観に負うところが多いのである。海岸線、港町、ハンザ同盟の各都市、その海辺や緑の平地と赤煉瓦建築のある平らな北が、アルプスのすそ野、そして変化に富んだ起伏のある南のゆったりした森や果樹園やぶどう畑に対峙している。その間に大きな河川、肥沃な平地や淋しい魅力のある中央山地の景観が広がる。そういった景観のただ中に、大抵はまず地域の商業の中心地として、さまざまな形のメトロポールが発展していった。それらの構造と特徴の差も、空の上から見ると、海に面した港町からお城のある町、そして百万人の大都市まで、特によく見えてくる。

地上をゆくドイツ旅行ではとても把握できないところが、鳥の視覚から見るとこれらすべてがはっきりと見え、そして理解することができる。それが、空の旅で撮られたドイツの写真に目をやると、それ以上に、ある意味では思いがけないことがわかってくる：ふだん、工業国としての名があり、そうみなされている国に、大都市以外ではよく均された農耕地があり、時にはまた原始的自然もあり、たくさんの地が、太古に根をもち伝えられ続けている歴史的景観である、ということが見えてくるのだ。中世の山城やさまざまな時代の平城がそれを見せている。それらが景観の中に置かれた道しるべであり、とっくにその景観自身になっている。とりわけ、大規模な庭園では、芸術と自然とが互いに溶け合っていて、これこそ鳥瞰的に捕らえたほうが、他のどの視点から見るよりもずっとよく把握も理解もできる。

この、奥に培われた古い自然と文化を秘める景観の中に、高度な近代化の時期、技術や社会が発展した時期があり、その中心ができあがった。それが、マグデブルク近くの水路の交差点の、最高の技術的成果や、マイン川のほとりの高層ビルの町フランクフルトに見える。その空港は、ドイツから世界へつながる門であると同時に、多くの訪問客にとってこの国訪問の入り口の門なのだ。

ドイツ上空を数限りなく飛ぶことにより、ディルク・ラウプナーは、繰り返し特徴ある視点を捉え、この国を知っている人、あるいは知っていると思っている人のため、そしてまたまったく違った目でこの国を知りたい、と思う人に彼の写真を提供してくれた。

Die Hallig Süderoog gehört zu den zehn Marschlandinseln im Wattenmeer vor der Westküste Schleswig-Holsteins. Das 62 Hektar große Eiland ist Vogelschutzgebiet. Das auf dem Bild erkennbare Gehöft befindet sich im Besitz eines Ehepaars, der einzigen Bewohner der Hallig.

Süderoog is one of the ten so-called "Halligen" (small marshland islands) in the mud-flats off the western coast of Schleswig-Holstein. Its 62 hectares of land are under protection as a bird sanctuary. The farm in the picture is owned by a couple, the sole inhabitants of this Hallig.

L'Hallig Süderoog appartient aux dix îlots de Marsch (bandes de terres fertiles conquises sur la mer) situés sur la côte ouest du Schleswig-Holstein en mer des Wadden. Cette île de 62 hectares est une réserve naturelle pour les oiseaux. La ferme que l'on peut voir sur la photo est en possession d'un couple, à eux deux les seuls habitants de cet îlot de Hallig.

Süderoog es una de las diez islas del archipiélago de Halligen de las marismas del mar de wadden frente a la costa occidental de Schleswig-Holstein. La isla, de 62 hectáreas, es reserva ornitológica. La casa rural que se ve en la foto es propiedad de un matrimonio, los únicos habitantes de la isla.

Hallig Süderoog è uno dei dieci isolotti alluvionali nel polder del Wattenmeer, di fronte alla costa occidentale dello Schleswig-Holstein. L'isola, di 62 ettari di superficie, è una riserva ornitologica ed i proprietari della fattoria che si scorge sulla foto sono i suoi due unici abitanti.

ハリッヒ ズューデローグはシュレースヴィヒ・ホルシュタイン州の西岸の干潟にあるマルシュラント十島のひとつだ。この島は62ヘクタールあって、その鳥類はすべて保護されている。写真に見える農家は、唯一の島の住民の某ご夫婦のもの。

Der Westerhever Leuchtturm, umgeben von den ehemaligen Wärterhäuschen, ist das Wahrzeichen der Nordsee-Halbinsel Eiderstedt. 1906/07 rund einen Kilometer vor dem Seedeich nahe des gleichnamigen Ortes Westerhever errichtet, wurde er ein Jahr später in Betrieb genommen. Sein Signal leuchtet aus 41,5 Metern Höhe 21 Seemeilen weit. Seit 2001 ist der Leuchtturm zur Besichtigung freigegeben und ein beliebter Ort für Hochzeiten.

The Westerhever lighthouse, surrounded by the former keepers' quarters, is the main landmark of the North Sea peninsula of Eiderstedt. Built in 1906/07 roughly a kilometre's distance from the dyke by the village of Westerhever, it came into service a year later. 41.5 metres above ground, its signal is visible from as far as 21 sea miles away. Since 2001, the lighthouse has been open to the public and is now a popular spot for marriage ceremonies.

Le phare de Westerhever, entouré des anciennes maisons des gardes-côtes, est l'emblème de la presqu'île d'Eiderstedt en mer du Nord. Il fut mis en service un an après son érection, en 1906/07, à environ un kilomètre de la digue proche du lieu-dit de Westerhever. Son signal lumineux, situé à 41,5 de haut, est visible à 21 miles marins au large des côtes. Depuis 2001, le phare est un lieu privilégié pour le tourisme ou plus spécifiquement les mariages.

El faro de Westerhever, flanqueado por las casitas de los antiguos fareros, es el emblema de la península de Eiderstedt en el Mar del Norte. Construido en 1906/07 cerca de la localidad homónima de Westerhever a aproximadamente un kilómetro del dique marítimo, empezó a funcionar un año después. Desde una altura de 41,5 metros, su luz se vislumbra a una distancia de 21 millas marinas. Desde el año 2001, el faro se puede visitar y es un popular lugar para la celebración de bodas.

Il faro di Westerhever, circondato dalle casette abitate in passato dai guardiani, è l'emblema della penisola di Eiderstedt nel Mare del Nord. Eretto tra il 1906 ed il 1907 ad un chilometro di distanza dagli argini costieri dell'omonima località di Westerhever, entrò in servizio l'anno successivo. Il faro è alto 41,5 metri ed ha un segnale visibile ad una distanza di 21 miglia. Dal 2001 è aperto al pubblico ed è una popolare meta per sposalizi.

ヴェスターヘーファー燈台はかつて燈台守が住んだ小屋に囲まれ、北海のアイダーシュテット半島の象徴的存在だ。この燈台は、ヴェスターヘーファーの町近く、堤防から1キロほど入った地点に1906年から1907年にかけて建てられ、その1年後に創業開始された。その信号は41,5メートルの高さから半径21マイルに届く。2001年より見学可能となり、結婚式場としても人気ものだ。

Der Küstenabschnitt, an dem sich heute das Ostseebad Warnemünde befindet, lag vor mehr als tausend Jahren noch unter dem Wasserspiegel. 1323 wegen seiner günstigen Lage von der Stadt Rostock gekauft, ist das einstige Fischerdorf heute ein lebendiges Seebad mit Hafen, Strand, Meerespromenade und Flaniermeile entlang des Alten Stroms, wo sich einst von Fischern und Seeleuten bewohnte Fachwerkhäuser aneinander reihen. In Sichtweite verlassen Kreuzfahrtschiffe, Frachtschiffe und Fähren nach Dänemark, Finnland, Estland und Schweden die Hafenausfahrt an der Warnowmündung.

The coastline by the Baltic Sea resort of Warnemünde was still below sea level more than a thousand years ago. Bought by the city of Rostock in 1323 because of its good location, the former fishing village is today a lively resort with a port, beach and promenades by the seaside as well as along the Alter Strom with its rows of half-timbered houses, formerly inhabited by fishermen and seamen. Only a short distance away, cruise ships, freighters and ferries to Denmark, Finland, Estonia and Sweden leave the harbour at the mouth of the river Warnow.

Le secteur de la côte de la mer Baltique où se trouve Warnemünde était sous le niveau de la mer il y a plus de mille ans. Acheté en 1323 par la ville de Rostock en raison de sa situation géographique avantageuse, ce village de pêcheurs d'antan est aujourd'hui une station balnéaire animée avec port, plage, promenade en bord de mer ou le long du Alter Strom, où se succèdent les maisons à colombages habitées autrefois par les pêcheurs et les marins. De là, on peut voir les bateaux de croisière, les cargos ou les ferrys à destination du Danemark, de la Finlande et de la Suède quitter le port à l'embouchure du Warnow.

El segmento litoral donde hoy se encuentra el balneario báltico de Warnemünde se encontraba bajo el nivel del mar hace más de mil años. Comprado a la ciudad de Rostock en 1323 por su favorable emplazamiento, el antiguo pueblo de pescadores es hoy un animado centro turístico con puerto, playa, paseo marítimo y área de ocio a la orilla del Alter Strom, donde se concentran las casas de entramado antaño habitadas por pescadores y marineros. Al alcance de la vista, barcos de pasajeros, de carga y transbordadores abandonan el puerto situado en el estuario del Warnow en dirección a Dinamarca, Finlandia, Estonia y Suecia.

Più di mille anni fa il tratto di costa dove oggi sorge l'Ostseebad Warnemünde era ancora sommerso dal mare. Acquistato nel 1323 dalla città di Rostock per la sua vantaggiosa ubicazione, l'ex villaggio di pescatori è oggi una vivace località balneare affacciata sul Baltico con un porto, la spiaggia, il lungomare ed un passeggio che costeggia l'Alter Strom fiancheggiato da tipiche casette a graticcio, abitate un tempo da pescatori e marinai. Poco distante si scorgono le navi da crociera, i cargo ed i traghetti diretti in Danimarca, Finlandia, Estonia e Svezia, che escono dal porto all'altezza della foce del Warnow.

保養地ヴァルネミュンデはバルト海に面し、海岸一体は千年以上前には海の下だった。昔は漁村であったが、立地条件がよいため1323年にロストックの町に買われ、今ではアルター・シュトローム河沿いに賑やかな港、海岸、遊歩道が続く海水浴場として賑わい、漁師や漁民たちが住んでいたひなびた木骨建築も軒を並べている。港に目を向けるとクルージングの大型船や貨物船、フェリーなどが、デンマークやフィンランド、エストニア、スウェーデンへ向けてヴァルノフの入り江から発って行くのが見える。

Rostock ist aufgrund seiner Lage am Meer nach wie vor ein bedeutender Wirtschaftsstandort im Ostseeraum. Giebelhäuser aus unterschiedlichen Epochen künden vom einstmaligen Reichtum der Kaufleute, ebenso wie die Kirchen St. Marien (Mitte rechts), St. Petri (Mitte oben) und die älteste Rostocker Kirche St. Nikolai (oben rechts). In den fünfziger Jahren entstanden die Plattenbauten entlang der Langen Straße.

Because of its location by the sea, Rostock continues to be an important centre of commerce in the Baltic region. The former wealth of the city's merchants is reflected in the gabled houses from different periods and in the churches of St. Marien (centre right), St. Petri (top centre) and St. Nikolai, Rostock's oldest church (top right). The concrete buildings along Lange Straße were constructed in the 1950s.

En raison de sa situation en bord de mer, Rostock est resté un important centre économique de la mer Baltique. Les maisons à pignons de diverses époques témoignent de la richesse des commerçants de par le passé, ainsi que les églises St. Marien (au centre à droite), St. Petri (au centre en haut), et la plus vieille église de Rostock, St. Nikolai (en haut à droite). Les gratte-ciel le long de l'avenue Lange Straße ont vu le jour dans les années cinquante.

Por su ubicación junto al mar, Rostock sigue siendo un importante centro económico de la región del Báltico. Las casas con frontón de diferentes épocas, así como las iglesias de Santa María (centro, derecha), San Pedro (centro, arriba) y la iglesia más antigua de Rostock, San Nicolás (arriba, derecha), son testimonio de la antigua riqueza de los comerciantes. En los años cincuenta se erigieron los edificios prefabricados que se extienden junto a la Lange Straße.

Grazie alla sua posizione sul mare, Rostock continui ad essere un importante centro economico della regione baltica. Sia i tipici edifici dagli alti frontoni, risalenti a differenti epoche, che chiese come la Marienkirche (al centro sulla destra), St. Petri (al centro in alto) e St. Nikolai (in alto a destra), la più antica di Rostock, sono testimoni della passata agiatezza dei mercanti della città. I palazzoni prefabbricati lungo la Lange Straße sorsero, invece, negli anni Cinquanta.

ロストックの町は、海に面しているので、今なおバルト海沿岸地域の重要な経済の要所だ。様々な時代の切妻屋根を持つ家並みが、サンクト・マリーエン（中右）、サンクト・ペトリ（中上）、そしてロストック最古のサンクト・ニコライ（上右）などの各教会とともにかつての商人たちの栄華をものがたっている。パネル式のプレハブ住宅がランゲン シュトラーセ通り沿いに建ったのが前世紀半ばだった。

24

Wismar ist nach Rostock die zweitgrößte Handels- und Hafenstadt Mecklenburg-Vorpommerns. Ihre Altstadt wurde 2002 in die Welterbeliste der UNESCO aufgenommen. Meisterwerke sakraler Backsteingotik sind die Kirche St. Nikolai (1380–1508, rechts) und der Marienkirchturm, weithin sichtbares Wahrzeichen Wismars und einziges Überbleibsel der Kirche, die bei einem Luftangriff 1945 stark beschädigt und 1960 abgetragen wurde.

After Rostock, Wismar is the second largest city of commerce and seaport in Mecklenburg-Western Pomerania. In 2002, its old centre was made a World Heritage Site. The church of St. Nikolai (1380–1508, right) and the church tower of St. Marien are masterpieces of brick-built architecture from the Gothic period. Visible from a great distance, the latter is the main landmark of Wismar and the only remnant of the church itself, which was severely damaged during an air-raid in 1945 and dismantled in 1960.

Wismar est la seconde ville commerçante et portuaire de Mecklembourg-Poméranie après Rostock. Sa vieille ville fut intégrée à la liste du patrimoine mondial de l'UNESCO en 2002. On y trouve des chefs d'œuvre du gothique brique sacré, tels que l'église St. Nikolai (1380–1508, à droite), et le clocher de l'église Marien, emblème de Wismar visible à des kilomètres et seul vestige de cet édifice qui fut très endommagé lors d'un raid aérien en 1945 et rasé en 1960.

Wismar es la segunda ciudad portuaria y comercial más importante de Mecklenburgo-Pomerania Occidental después de Rostock. En el año 2002 su casco antiguo fue declarado por la UNESCO patrimonio cultural de la humanidad. Obras maestras de la arquitectura gótica en ladrillo son la iglesia de San Nicolás (1380–1508, derecha) y el campanario de Santa María, símbolo de Wismar visible desde lejos y único vestigio de una iglesia que fue gravemente dañada en un ataque aéreo en 1945 y demolida en 1960.

Wismar è, dopo Rostock, la seconda maggiore città mercantile e portuale del Meclemburgo-Pomerania Anteriore. Dal 2002 il suo centro storico è nella lista dei Patrimoni dell'Umanità tutelati dall'UNESCO. Due veri capolavori d'architettura sacra in gotico in laterizio sono la Nikolaikirche (1380–1508, a destra) e il Marienkirchturm, l'imponente campanile emblema di Wismar ed unica parte conservata della chiesa, gravemente danneggiata in un bombardamento aereo nel 1945 e smantellata nel 1960.

ヴィスマーはメクレンブルク・フォーポマーン州ではロストックに続く第二の商業と港の町。その旧市街は2002年にユネスコの世界遺産となった。聖ニコライ教会（1380-1508、右）とマリア教会の尖塔は煉瓦造りのゴシック様式の最高傑作である。1945年の空襲ですっかり焼かれ、1960年に撤去された数々の教会の中でたったひとつ残された教会で、ヴィスマーの象徴としての尖塔が目に付く。

Schwerin, die Stadt am Wasser: Auf einer künstlich erweiterten Insel zwischen Burgsee und Schweriner See liegt das Schweriner Schloss, Wahrzeichen der Landeshauptstadt. Es ist heute Sitz des Landtags von Mecklenburg-Vorpommern und beherbergt auf drei Etagen das Schlossmuseum.

Schwerin, city by the water: the castle of Schwerin is situated on an artificially enlarged island between two lakes, Burgsee and Schweriner See. It is the city's main landmark, and today it is also the seat of the state parliament of Mecklenburg-Western Pomerania. In addition it houses the castle museum, spread out over three floors.

Schwerin, ville au bord de l'eau. Sur une île agrandie artificiellement située entre les lacs de Schwerin et Burgsee, se trouve le château de Schwerin, emblème de la capitale régionale. Il est aujourd'hui le siège du parlement régional de Mecklembourg-Poméranie et abrite le Schlossmuseum (« Musée du château ») sur trois étages.

Schwerin, «la ciudad junto al agua»: el palacio de Schwerin, símbolo de la capital regional de Mecklenburgo-Pomerania Occidental, se halla en una isla ampliada artificialmente entre los lagos de Burg y de Schwerin. Hoy es sede del Parlamento regional y alberga en tres pisos el museo del palacio.

Schwerin, la città sull'acqua: su un isolotto ampliato artificialmente tra il Burgsee e lo Schweriner See sorge lo Schweriner Schloss, emblema del capoluogo del Land ed oggi sede del parlamento del Meclemburgo-Pomerania Anteriore, oltre che del Museo del castello che occupa tre piani.

シュヴェーリンは湖に面した町。ブルクゼー湖とシュヴェーリナーゼー湖の間に人工的に拡張された島に州都の象徴であるシュヴェリン城がある。今はここにメクレンブルク・フォーポマーン州の州議会が置かれ、城の博物館が3階に分かれて入っている。

Die 2,5 Kilometer lange Eisenbahnbrücke bei Rendsburg, 1911–1913 von Friedrich Voß erbaut, überspannt den Nord-Ostsee-Kanal. In einer lichten Höhe von 42 Metern lädt eine Aussichtsplattform zu einem beeindruckenden Panoramablick über den Kanal und die mittelholsteinische Landschaft ein. Ein einzigartiges europäisches Industriedenkmal bewegt sich, an zwölf Tragseilen hängend, unter der Hochbrücke: eine Schwebefähre zur Personen- und Fahrzeugbeförderung.

The railway bridge near Rendsburg is 2.5 kilometres long and was built by Friedrich Voß between 1911 and 1913 to span the North Sea-Baltic Sea Canal. 42 metres high up above, a visitors' platform offers an impressive panoramic view over the canal and the landscape of Middle Holstein. A unique construction of European industrial design can be seen underneath the bridge: hanging from 12 supporting wires a suspension railway carries passengers and vehicles.

Le pont ferroviaire de 2,5 kilomètres de long près de Rendsburg, construit entre 1911 et 1913 par Friedrich Voß, surplombe le canal reliant la mer du Nord à la Baltique. Un belvédère à une hauteur libre de 42 mètres offre une vue panoramique impressionnante sur le canal et le paysage du Mittelholstein. Sous le pont gigantesque se meut un monument industriel unique en Europe, accroché à 12 câbles : un ferry suspendu pour le transport des piétons et des véhicules.

El puente de ferrocarril de 2,5 kilómetros de longitud junto a Rendsburg, construido entre 1911–1913 por Friedrich Voss, cruza el canal que une el Mar del Norte y el Báltico. A 42 metros, una plataforma invita a disfrutar de una impresionante vista panorámica sobre el canal y el paisaje central de Holstein. Colgado de doce cables portantes, bajo el viaducto se desplaza un monumento de la era industrial único en Europa: un ferry aerosuspendido para el transporte de vehículos y personas.

Costruito tra il 1911 ed il 1913 da Friedrich Voß, il ponte ferroviario lungo 2,5 chilometri nei pressi di Rendsburg scavalca il Nord-Ostsee-Kanal. Una piattaforma panoramica a 42 metri d'altezza offre una vista mozzafiato sul canale che collega il Mare del Nord al Baltico e sui paesaggi della regione centrale dell'Holstein. Sotto il ponte viaggia, sospeso a dodici funi di sostegno, un monumento della tecnica unico in Europa, un traghettofunicolare per il trasporto di persone e merci.

2,5キロの長さのレンツブルクの鉄橋は、フリードリヒ・フォスによって1911年から1913年までかかって北海とバルト海を結ぶ運河の上に架けられた。42メートルの高さの位置に明るい展望台があり、運河とホルシュタイン中部地方の景色を一望する印象的なパノラマに人々を誘う。ヨーロッパで他に類のない工業記念碑が、12本のケーブルに吊られて高い橋の下にゆれている。言ってみれば人と車を搬送する、宙に浮くフェリーである。

Kiel, die traditionsreiche Werft- und Marinestadt an der Ostsee, erhielt bereits 1242 das Stadtrecht; später war sie Mitglied der Hanse und im 18. Jahrhundert Sitz der Herzöge von Holstein-Gottorp. Die Kieler Förde reicht tief in das Stadtgebiet der Schleswig-Holsteiner Landeshauptstadt hinein. In der Mitte des Bildes ist das Kieler Rathaus mit seinem 107 Meter hohen Turm zu erkennen, rechts davon liegt die Altstadt mit der nach dem Zweiten Weltkrieg wieder aufgebauten gotischen Nikolauskirche. Rechts unten erstreckt sich das Gelände der Howaldtswerke.

Situated on the Baltic Sea, the city of Kiel has long shipbuilding and naval traditions. Early on, in 1242, it received a town charter. Later it joined the Hanseatic League, and in the 18th century it became the seat of the Dukes of Holstein-Gottorp. The Firth of Kiel reaches far into the inner-city areas of the capital of Schleswig-Holstein. The picture shows the city hall with its 107-metre-high tower (centre). To its right lies the old city with the Gothic Nikolaus Church, reconstructed after World War II, and bottom right is the Howaldtswerke shipyard.

Kiel, ville de la marine et chantier naval de la mer Baltique, jouit d'une longue tradition. En 1242 déjà, elle reçut le « stadtrecht » ou « Municipale », devint plus tard membre de la Hanse, et fut le lieu de résidence des ducs de Holstein-Gottorp au 18e siècle. Le fjord de Kiel pénètre profondément dans le territoire de la capitale du Schleswig-Holstein. Au centre de la photo, on reconnaît l'Hôtel de ville de Kiel et son beffroi de 107 mètres. A sa droite s'étend la vieille ville, d'où émerge l'église gothique Nikolaus, reconstruite après la seconde guerre mondiale. En bas à gauche se trouve le domaine des chantiers navals Howaldt.

Kiel, la ciudad con la tradición marinera y naval más antigua del Báltico, disfrutó el derecho ciudadano ya en 1242; más tarde fue miembro de la Hansa y en el siglo XVIII sede de los duques de Holstein-Gottorp. La rada de Kiel se adentra profundamente en el área urbana de la capital regional de Schleswig-Holstein. En el centro de la foto se puede ver el Ayuntamiento de Kiel con su torre de 107 metros de altura; a su derecha queda el casco antiguo con la iglesia gótica de San Nicolás, reconstruida tras la Segunda Guerra Mundial. Abajo a la derecha se extienden los astilleros Howaldt.

Kiel, città portuale e di tradizione cantieristica affacciata sul Baltico, ottenne il diritto civico già nel 1242. Più tardi entrò a far parte della lega anseatica e nel XVIII secolo fu residenza dei duchi von Holstein-Gottrop. La Kieler Förde penetra per un lungo tratto nel centro urbano della capitale del Land dello Schleswig-Holstein. Al centro della foto si scorge il Municipio della città affiancato dalla torre alta 107 metri, alla sua destra sorge il centro storico con la Nikolauskirche, la chiesa gotica ricostruita dopo l'ultimo conflitto mondiale. A destra, in basso, si estendono i cantieri navali Howaldtswerke.

バルト海に面した町の中でも造船と港で最も伝統を誇る町キールは、既に1242年に都市権を得、ハンザ同盟都市を経て18世紀にはホルシュタイン-ゴットルプ公爵家の拠点であった。キールのフィヨルドは、このシュレースヴィヒ・ホルシュタインの州都深く食い込んでいる。写真中央にキールの市庁舎が107メートルの塔を見せ、その右に二次大戦後再建されたゴシック様式のニコラウス教会と旧市街がある。そして右下にホヴァルツヴェルケ社の敷地が続いている。

Als größter deutscher Seehafen zählt der Hamburger Hafen zur Spitzengruppe der europäischen Warenumschlagplätze. Zum Freihafen gehört auch die ab 1883 errichtete Speicherstadt südlich des Zollkanals, ein backsteinrotes Lagerhausviertel, das heute unter Denkmalschutz steht (Mitte rechts). Der feuergeschwärzte neugotische Turm der Nikolaikirche überstand die Zerstörung der Kirche im Zweiten Weltkrieg und blieb als Mahnmal für die Opfer des Bombenterrors stehen.

Hamburg harbour is the biggest German seaport and one of the major hubs of goods traffic in Europe. Part of the free port, the Speicherstadt south of the Zollkanal (Toll Canal) was erected in 1883 as a warehouse district, and its red-brick buildings are now under special protection as a historical heritage site (centre right). The neo-Gothic tower of the Nikolai Church was blackened by fire but survived the destruction of the church during World War II. It remains as a memorial to the victims of the bombing.

Le port d'Hambourg, le plus grand d'Allemagne, figure dans le groupe de tête des centres de rotation de marchandises en Europe. Le port franc compte également la ville de stockage, construite à partir de 1883 au sud du canal douanier. Ce quartier de bâtiments d'entrepôts de brique rouge (au centre à droite) est aujourd'hui classé patrimoine historique. Le clocher néogothique de l'église Nicolai noirci par les flammes a survécu à la destruction des églises pendant la seconde guerre mondiale et constitue toujours un monument à la mémoire des victimes des bombardements.

El puerto de Hamburgo es el puerto marítimo más grande de Alemania y uno de los centros europeos de trasbordo de mercancías. El puerto franco está también formado por la Speicherstadt, un barrio de almacenes de color rojo ladrillo erigido desde 1883 al sur del Zollkanal y actualmente declarado monumento protegido (centro, derecha). La torre neogótica de la iglesia de San Nicolás, ennegrecida por el fuego, subsistió a la destrucción de la iglesia en la Segunda Guerra Mundial y se conservó como monumento conmemorativo de las víctimas de los bombardeos.

Il porto di Amburgo è il più grande della Germania ed uno dei più importanti scali merci europei. Al porto franco appartiene anche la cosiddetta «città granaio», un quartiere di magazzini in laterizio rosso a sud del canale doganale, sorto a partire dal 1883 ed oggi sotto tutela delle Belle Arti (al centro a destra). Il campanile neogotico di St. Nikolai, annerito dal fuoco, è l'unico elemento superstite della chiesa distrutta durante la seconda guerra mondiale ed è stato conservato come memoriale per le vittime dei feroci bombardamenti.

ドイツ最大の海港、ハンブルク港は、貨物積み替え港としてヨーロッパ屈指の港に数えられる。ツォルカナールの南に1883年から建て始められた倉庫の町は自由港の一部であるが、赤煉瓦の倉庫が立ち並ぶこの地域は今日では史跡保護されている(中右)。ニコライキルヒェ教会の新ゴシック様式の塔は、戦災で黒くなってしまったが完全な破壊をかろうじて免れ、すさまじかった空襲の犠牲として、またその警告記念碑として建っている。

34

Der Bremer Marktplatz mit Liebfrauenkirche, Rathaus, Dom und – gegen-über – dem modernen Haus der Bürgerschaft, Sitz des Bremer Landesparla-ments, ist Mittelpunkt der alten deutschen Hafenstadt an der Weser. Im Bildvordergrund sieht man das Schnoorviertel, Bremens ältestes Wohnquar-tier, mit liebevoll renovierten Häusern aus dem 16. und 17. Jahrhundert, die wie Perlen an einer Schnur dicht aneinander gereiht sind.

The market square is the centre of the old German port of Bremen on the river Weser. Around the square are the Liebfrauenkirche (Church of Our Lady), the city hall, the cathedral and – opposite – the modern building of the Bürgerschaft (city state parliament). The foreground of the picture shows the Schnoorviertel, Bremen's oldest residential quarter. Its lovingly restored houses, dating from the 16th and 17th centuries, stand closely in rows like pearls on a string.

Le cœur de la vieille ville portuaire allemande à l'embouchure de la Weser est la Marktplatz (« Place du Marché »), avec l'église des Liebfrauen, l'hôtel de ville, la cathédrale et de l'autre côté le très moderne bâtiment de la Bürgerschaft, siège du parlement régional de Brème. A l'avant plan, on peut reconnaître le plus ancien quartier d'habitations de Brème, le Schnoor-viertel, dont les maisons des 16e et 17e siècles, alignées telles des perles sur un collier, ont été restaurées avec soin.

La Plaza del Mercado de Bremen con la iglesia de Nuestra Señora, el ayuntamiento, la catedral y –enfrente– la moderna «Casa de la Ciudada-nía», sede del Parlamento regional de Bremen, es el centro de la antigua ciudad portuaria junto al río Weser. En el primer plano se ve el Schnoor-viertel, el barrio residencial más antiguo de Bremen, con las casas de los siglos XVI y XVII, que, cuidadosamente restauradas, aparecen engarzadas como las perlas de un collar.

La Marktplatz di Brema con la chiesa di Nostra Signora, il Municipio ed il Duomo su un lato e, di fronte, la moderna Haus der Bürgerschaft - l'edificio in vetro sede del parlamento della Città-Stato di Brema - è il cuore dell'an-tica città portuale sul fiume Weser. In primo piano si vede lo Schnoor-viertel, il quartiere residenziale più antico di Brema, con la fuga di case del XVI e XVII secolo, addossate l'una all'altra come perle di una collana, accuratamente restaurate.

ブレーメンのマルクト広場には聖母教会、市役所、ドーム、そしてその向かい側に、ブレーメン州議会のある近代建築の市民の家がある。ここが、ヴェーゼル川に面する古いドイツの港町の中心だ。写真手前に見えるのが、16,17世紀の家々が丹精込めて修復され、真珠の珠が連なるように並んでいる、ブレーメンで最も古い住宅地、シュノーア地区だ。

Die Region Emsland liegt im Westen Niedersachsens an der Grenze zu den Niederlanden. Jahrhundertelang galt sie mit ihren öden Moor- und Heidegebieten als »Armenhaus Deutschlands«. Heute, nach umfassenden Erschließungsmaßnahmen, geben Landschaften mit fruchtbaren Feldern, alten Baumgruppen und vereinzelten Gehöften dem agrarisch geprägten Emsland sein Gesicht.

The Emsland region (named after the river Ems) is in the west of Lower Saxony and by the border with the Netherlands. Because of its barren moors and heathlands it was known for centuries as the "poorhouse of Germany". Today, after extensive development, the distinctive face of the largely agricultural Emsland is that of a countryside with productive fields, clusters of old trees and scattered farms.

La région de l'Emsland s'étend à l'ouest de la Basse-Saxe, à la frontière avec les Pays-Bas. Ses landes et terres marécageuses stériles ont été considérées pendant des siècles comme la région la plus déshéritée de l'Allemagne. Aujourd'hui, après maints aménagements, ce sont des paysages où s'étendent des champs fertiles entrecoupés de vieux groupements d'arbres et de fermes solitaires qui constituent le visage de l'Emsland, marqué par l'agriculture.

La región de Emsland constituye la frontera occidental de Baja Sajonia con los Países Bajos. Por sus yermas áreas pantanosas y landas fue considerada durante siglos «el rincón pobre de Alemania». Hoy, tras amplias medidas de explotación, el Emsland tiene un carácter predominantemente agrícola marcado por paisajes de campos fértiles, espesas arboledas y granjas aisladas.

La regione dell'Emsland si trova nella parte occidentale della Bassa Sassonia, al confine con i Paesi Bassi. Zona di paludi e brughiere, per secoli l'Emsland è stata considerata la regione più povera ed arretrata della Germania. Oggi, dopo consistenti lavori di bonifica, campagne fertili, boschi antichi ed isolate fattorie caratterizzano il volto di questa regione prettamente agricola.

エムスラント地域はニーダーザクセン州西部、オランダ国境近くにある。寒々とした湿地帯であったこの地は何百年もの間、「ドイツの貧民収容所」とされていた。広範囲にわたる地域開発のあと、今では、肥沃な農地、古い雑木林や散在する農家群など、農業地域として独特の顔を再び見せている。

Das Brandenburger Tor, erbaut 1789–1791 von Karl Gotthard Langhans, ist das Wahrzeichen Berlins und Symbol der Teilung und der Wiedervereinigung. Hier mündet die Straße Unter den Linden in den Pariser Platz, um jenseits des Tores in die Straße des 17. Juni überzugehen. Mit der Wiedererrichtung und Neubebauung des im Zweiten Weltkrieg stark zerstörten Platzensembles wurde nach 1993 begonnen.

The Brandenburger Tor, built 1789–91 by Karl Gotthard Langhans, is Berlin's main landmark and the symbol of the division and reunification of Germany. Here, the boulevard Unter den Linden meets Pariser Platz, and on the far side of the gate the road continues as Straße des 17. Juni. Reconstruction of the body of the square, which was badly destroyed during the war, began in 1993.

La Brandenburger Tor, érigée entre 1789 et 1791 par Karl Gotthard Langhans, est l'emblème de Berlin. Au pied de ce symbole de la division et de la reunification de la ville s'étend la Pariser Platz, où s'arrête l'Avenue Unter den Linden pour laisser place, de l'autre côté de la porte, à l'Avenue 17. Juin. La restauration de cette place, fort endommagée pendant la guerre, débuta en 1993.

La Puerta de Brandeburgo, construida entre 1789 y 1791 por Karl Gotthard Langhans, es el símbolo de Berlín y el emblema de la división y la reunificación de la ciudad. Aquí el bulevar Unter den Linden desemboca en la Pariser Platz y pasa a convertirse al otro lado en la Straße des 17. Juni. Este conjunto urbanístico, que sufrió graves destrozos en la Segunda Guerra Mundial, se empezó a reconstruir y reedificar después de 1993.

La Porta di Brandeburgo, costruita tra il 1789 ed il 1791 da Karl Gotthard Langhans, è sia emblema di Berlino sia simbolo della divisione e della riunificazione del paese. Qui il viale Unter den Linden sbocca nella Pariser Platz per poi proseguire, al di là della porta, nella Straße des 17. Juni. Nel 1993 sono iniziati i lavori di ristrutturazione e ricostruzione dell'ensemble architettonico della piazza, gravemente danneggiato durante l'ultimo conflitto mondiale.

1789年から1791年にかけてカール ゴットハルト・ラングハンスにより建てられたブランデンブルガートーア門は、ベルリン全体の、そして分割と再統一のシンボルだ。ウンター・デン・リンデン通りがここでパリーザー・プラッツ広場になり、門の向こう側の6月17日通りに続く。二次大戦ですっかり瓦礫の山と化した広場のアンサンブルが再建、新築され始めたのは1993年だった。

Das 1934–1936 nach Plänen des Architekten Werner March errichtete Olympiastadion ist Mittelpunkt des Berliner Olympiageländes. Von Juli 2000 bis Juli 2004 komplett saniert und modernisiert, gehört es heute zu den modernsten und größten multifunktionalen Anlagen in Europa. Zur neuen Ausstattung gehören auch die Laufbahnen in »Hertha-Blau« – Markenzeichen des Berliner Stadions. 2006 finden hier sechs der 64 WM-Fußballspiele statt, darunter auch das Endspiel.

Constructed between 1934 and 1936 to the plans of the architect Werner March, the Olympic Stadium is at the heart of the Olympic grounds in Berlin. It was fully restored and modernised between July 2000 and July 2004, and is now one of the most modern and multi-functional stadiums in Europe. Included in the new stadium are running tracks in "Hertha-blue" – the colour of the Berlin football club Hertha. In 2006, six of the 64 World Cup matches will take place here, among them the final.

Le stade de L'Olympia, érigé entre 1934 et 1936 selon les plans de l'architecte Werner March, est le noyau du terrain olympique berlinois. Entièrement rénové et modernisé entre juillet 2000 et juillet 2004, il compte parmi les constructions multifonctionnelles les plus grandes et plus modernes d'Europe. Les nouveaux aménagements comprennent aussi les pistes d'athlétisme « Bleu Herta », image de marque du stade berlinois. En 2006 s'y dérouleront six des soixante-quatre rencontres de la coupe du monde de football, dont la finale.

El Estadio Olímpico, construido entre 1934 y 1936 según los planes del arquitecto Werner March, es el centro del área olímpica de Berlín. Completamente saneado y modernizado entre julio de 2000 y julio de 2004, es hoy uno de los complejos polifuncionales más grandes y modernos de Europa. Entre las nueva instalaciones se encuentran también las pistas en «azul Hertha», el color del club berlinés. En el 2006 se celebrarán aquí 6 de los 64 encuentros de los Mundiales de Fútbol, entre ellos la final.

Lo Stadio Olimpico, costruito tra il 1934 ed il 1936 su progetto dell'architetto Werner March, è il cuore del quartiere olimpico di Berlino. Completamente ristrutturato e ammodernato tra luglio del 2000 e luglio del 2004, lo stadio è oggi uno degli impianti sportivi polifunzionali più grandi e moderni d'Europa. Tra le opere di nuova costruzione ci sono le corsie color «Blu Hertha», emblema dello stadio berlinese. Nel 2006 vi si disputeranno sei delle 64 partite dei mondiali di calcio, tra cui la finale.

建築家ヴェルナー・マーチの設計により1934年から1936年までかかって建てられたオリンピックスタジアムは、ベルリンのオリンピック競技場の中心である。2000年7月から2004年7月にかけすっかり近代化された当スタジアムは、ヨーロッパ最大の最も近代的な多目的設備のひとつである。ベルリンのスタジアムの象徴である「ヘルタ・ブラウ」のレーストラックも新しい設備のひとつ。2006年には、サッカーワールドカップの64試合中6試合、決勝戦も、予定されている。

132 Stufen führen zwischen den Weinbergterrassen hinauf zum Schloss Sanssouci bei Potsdam. Friedrich II. ließ es von seinem Baumeister Georg Wenzeslaus von Knobelsdorff 1745–1747 als Sommerdomizil errichten.

A flight of 132 steps leads up through the vine terraces at Sanssouci. The palace was built in 1745–1747 as a summer residence for Frederick the Great, by the royal architect Georg Wenzeslaus von Knobelsdorff.

132 marches montent à travers les vignes plantées en terrasses jusqu'au château Sans-Souci. Frédéric II le fit construire par son architecte Georg Wenzeslaus von Knobelsdorff, entre 1745 et 1747 pour en faire sa résidence d'été.

La escalinata de 132 peldaños conduce entre las terrazas de viñedos hasta el Palacio de Sanssouci, construido por el arquitecto Georg Wenzeslaus von Knobelsdorff entre 1745 y 1747 por encargo de Federico II como residencia de verano.

132 gradini portano sui terrazzamenti di vite fino al castello di Sanssouci che Federico II fece realizzare come domicilio d'estate dal suo costruttore Georg Wenzeslaus von Knobelsdorff dal 1745 al 1747.

ポツダムのサンスーシー城に続く132の階段はテラス状に作られたワイン畑の間を上る。フリードリヒ二世が夏の居城として、建築家ゲオルク ヴェンツェスラウス フォン クノーベルスドルフに1745年から1947年までかかって作らせたものである。

1814 wird durch die Schenkung Friedrich Wilhelms III. an seinen Staats-kanzler Karl August Fürst von Hardenberg aus dem ehemaligen Gut Quilitz Neu-Hardenberg. Das ehemals barock geprägte Schloss, 60 Kilometer östlich von Berlin inmitten eines Landschaftsparks der beiden großen Gartenge-stalter Hermann Fürst von Pückler-Muskau und Peter Josef Lenné gelegen, erhielt durch Karl Friedrich Schinkel eine neue klassizistische Gestaltung. Heute besteht das Gebäudeensemble Neuhardenbergs aus Hotel, Restau-rants, Tagungs- und Konferenzräumen sowie für Ausstellungen und kultu-relle Veranstaltungen genutzten Räumlichkeiten.

Quilitz Manor became Schloss Neuhardenberg in 1814 when Friedrich Wilhelm III gave it to his Chancellor of State, Karl August Fürst von Hardenberg. It lies 60 kilometres east of Berlin, within a park designed by the great landscape gardeners Hermann Fürst von Pückler-Muskau and Peter Josef Lenné. Formerly in the style of the Baroque era, the building was given a classicist makeover by Karl Friedrich Schinkel. Today, the estate is home to a hotel, restaurants and rooms for meetings and conferences. There are also spaces for exhibitions and cultural events.

Le château de Gut Quilitz sera rebaptisé Neu-Hardenberg en 1814, à la suite de la donation de Frédéric Guillaume III à son chancelier Karl August, Prince électeur de Hardenberg. Situé à 60 kilomètres à l'est de Berlin au cœur d'un parc aménagé par les deux grands paysagistes Hermann Prince électeur de Pückler-Muskau et Peter Josef Lenné, ce château jadis de style baroque reçut un nouveau visage classique de la main de Karl Friedrich Schinkel. L'ensemble de bâtiments de Neuhardenberg compte aujourd'hui un hôtel, des restaurants, des salles de congrès et de conférences ainsi que des espaces mis à disposition d'expositions ou d'événements culturels.

Por la donación de Federico Guillermo III a su canciller Karl August Príncipe de Hardenberg en 1814, la antigua hacienda de Quilitz pasó a denominar-se Neuhardenberg. El palacio, antiguamente de carácter barroco, situado a 60 kilómetros al este de Berlín en medio de un parque de estilo inglés proyectado por los dos grandes arquitectos de jardines Hermann Príncipe de Pückler-Muskau y Peter Josef Lenné, fue rediseñado por Karl Friedrich Schinkel al estilo clasicista. Hoy, el conjunto de edificios de Neuhardenberg alberga un hotel, restaurantes, locales para conferencias y congresos así como espacios destinados a exposiciones y actividades culturales.

Nel 1814 Federico Guglielmo III dona al proprio cancelliere, Karl August von Hardenberg, la tenuta di Quilitz, che viene ribattezzata Neu-Harden-berg. Al centro del parco, allestito dai due grandi paesaggisti Hermann von Pückler-Muskau e Peter Josef Lenné, sorge il castello che, in origine barocco, fu rimodellato da Karl Friedrich Schinkel secondo il gusto classi-cista. Oggi il complesso architettonico di Neuhardenberg, che si trova a 60 chilometri ad est di Berlino, ospita un hotel, ristoranti, un centro congressi e spazi riservati ad esposizioni ed eventi culturali.

この、ノイ（新）-ハルデンベルクという名は、1814年にフリードリヒ・ヴィルヘルム三世がその宰相であったハルデンベルクの侯爵カール・アウグストにかつてのクヴィリッツの地を与えたことに由来する。以前バロック様式であった城は、ベルリンの東60キロに位置し、ピュックラー-ムースカウの侯爵ヘルマンと、ペーター ヨゼフ・レネーという二大造園師によって作られた大規模な庭園の只中に立つ。それに、カール フリードリヒ・シンケルが新しく擬古典主義の様相を与えた。ノイハルデンベルク城は今ホテルとなり、レストラン、会議室のほか、展覧会場など文化のイベントに使われている。

46

Der schlossähnliche wilhelminische Prachtbau des Neuen Rathauses, nach zwölfjähriger Bauzeit 1913 eingeweiht, dominiert die Innenstadt Hannovers. Das Rathaus ist Sitz des Oberbürgermeisters. Von der Kuppel, die mit einem Schrägfahrstuhl zu erreichen ist, hat man einen herrlichen Blick über den Maschteich und das Stadtzentrum mit der backsteinroten Marktkirche und dem alten Fernmeldeturm.

The magnificent, palatial Neues Rathaus (New City Hall) dates from the Wilhelmine era. After a construction period of 12 years it was officially opened in 1913. It dominates the inner-city area of Hanover and is the seat of the city mayor. A lift leads up to the cupola, which offers a wonderful view over the Maschteich lake and the city centre with the red-brick Marktkirche (Market Church) and the old telecommunications tower.

Le Neues Rathaus (« Nouvel Hôtel de Ville »), magnifique bâtiment de l'époque wilhelmienne, domine le centre ville de Hanovre. Cet hôtel de ville semblable à un château est le siège du bourgmestre. La coupole, où l'on peut monter avec un ascenseur incliné, offre une vue imprenable sur le lac Maschteich et le centre ville flanqué de l'église Marktkirche de brique rouge et l'ancienne tour-relais de communication.

El suntuoso edificio imperial del Ayuntamiento Nuevo, semejante a un palacio e inaugurado en 1913 tras doce años de construcción, domina el centro de la ciudad de Hannover. El ayuntamiento es la sede del primer alcalde. Desde la cúpula, a la que se accede con un ascensor inclinado, se disfruta de una espléndida vista sobre el estanque de Masch y el centro de la ciudad, con su iglesia del mercado de ladrillo y la antigua torre de telecomunicaciones.

Il Neues Rathaus, il sontuoso edificio d'architettura guglielmina inaugurato nel 1913 dopo dodici anni di lavori, domina il centro di Hannover. Il Nuovo Municipio è sede del Borgomastro della città. Dalla cupola, che si raggiunge a bordo di un ascensore in curva, offre un'eccellente vista sul Maschteich e sul centro della città, dove spiccano la Marktkirche, la chiesa in laterizio rosso, e la vecchia torre radio.

まるでお城のようなヴィルヘルム二世朝の豪華建築の新市庁舎は、12年かかって1913年に落成、ハノーヴァー市内でも他を圧する存在だ。当市の市長の館でもある。斜めに動くエレベーターが通う丸屋根からはマッシュタイヒ池越しの眺めと赤煉瓦造りのマルクトキルヒェ教会と古い通信塔の素晴らしい眺望が楽しめる。

Dieses in Europa wohl einmalige Gartengebiet in Hannover Herrenhausen ist 1666 angelegt worden. Auf einer Fläche von 135 Hektar sind die wichtigsten Stilrichtungen der Gartenkunst – die barocke Gartenkunst im französischen Stil, der englische Landschaftsgarten und der botanische Garten – bis heute authentisch überliefert. Die Luftbildaufnahme zeigt den Großen Garten, den barocken Teil der Königlichen Gärten Herrenhausen, der in seiner heutigen Form 1696–1714 unter Kurfürstin Sophie gestaltet wurde.

The garden of Hanover Herrenhausen, created in 1666, is probably unique in Europe. In an area of 135 hectares, the most important styles of garden design have to this day been authentically preserved – Baroque garden design in the French style, the English landscape garden, as well as the botanical garden. The aerial view shows the Großer Garten, the Baroque part of the Royal Gardens of Herrenhausen. It was laid out in its present form under Electoress Sophie between 1696 and 1714.

L'ensemble de jardins de Hanovre-Herrenhausen, unique en Europe, fut créé en 1666 sur une superficie de 135 hectares. On y trouve aujourd'hui encore les reproductions fidèles des principaux styles de l'art des jardins : le jardin baroque de style français, le jardin anglais et le jardin botanique. La prise de vue aérienne nous montre le Grand Jardin et la partie baroque des Jardins Royaux de Herrenhausen, dont la forme actuelle fut aménagée entre 1696 et 1714 sous l'impulsion de la Princesse électrice Sophie.

Esta área jardinística en Hannover Herrenhausen, probablemente única en Europa, fue creada en 1666. En una superficie de 135 hectáreas se reflejan de forma auténtica las corrientes estilísticas más importantes del arte de la jardinería – el jardín barroco al estilo francés, el paisajístico inglés y el botánico. Esta fotografía aérea muestra el Jardín Grande, la parte barroca de los Jardines Reales de Herrenhausen, proyectado en su forma actual en 1696–1714 durante la regencia de la princesa electriz Sofía.

Questo complesso di giardini nel rione di Herrenhausen ad Hannover - senza dubbio unico in Europa - fu realizzato nel 1666. Su un'area di 135 ettari si possono ammirare ancora oggi i principali stili dell'arte paesaggistica: quello barocco d'ispirazione francese, i giardini all'inglese ed il giardino botanico. La foto aerea riprende il Großer Garten, la parte barocca dei Giardini Reali di Herrenhausen, la cui sistemazione così come la vediamo, fu voluta dalla principessa Sofia e realizzata tra il 1696 ed il 1714.

ハノーヴァー ヘレンハウゼンは1666年に造られた、ヨーロッパにひとつしかない広大な庭園地域だ。135ヘクタールの面積に、フランス式のバロック庭園、大規模なイギリス庭園や植物園など、名だたる造園様式が一つに集まり、今日までその形をとどめている。この航空写真が捉えているは、グローサー・ガルテンと呼ばれるヘレンハウゼンの王室庭園のバロック様式の部分。ここは選帝侯ソフィーの下に1696年から1714年にかけて造園された、そのままの形を残している庭園である。

Braunschweig, größte Stadt des südostlichen Niedersachsens, war bereits im 11. Jahrhundert eine der mächtigsten Städte des Reiches und Wirkungsstätte Heinrichs des Löwen. Der Burgplatz im Zentrum der Stadt ist umgrenzt vom Dom, von der Burg Dankwarderode, ihr gegenüber dem klassizistischen Vieweghaus sowie schönen Fachwerkbauten. In der Nachbarschaft liegt der neugotische Bau des Rathauses mit seinem 61 Meter hohen Turm, errichtet nach flandrischen Vorbildern.

Braunschweig, the largest city in the south-east of Lower Saxony, became one of the most powerful cities of the realm as early as the 11th century, when it was the seat of Heinrich der Löwe (Henry the Lion). Gathered around the Burgplatz (Castle Square) in the heart of the city are the cathedral, the castle of Dankwarderode, the classicist Vieweghaus opposite, as well as pretty half-timbered houses. Nearby is the neo-Gothic city hall with its 61-metre-high tower, built in the Flemish style.

Braunschweig, la plus grande ville du sud-est de la Basse-Saxe, était au 11e siècle déjà une des villes les plus puissantes du Reich, et la cité d'Henri le Lion. La Burgplatz au cœur de la ville est encerclée d'un côté par la cathédrale et le château de Dankwarderode, et de l'autre par la Vieweghaus de style classique et de magnifiques maisons à colombages. Non loin de là se dresse le bâtiment néogothique de l'hôtel de ville et sa tour de 61 mètres de haut, érigée selon des modèles flamands.

Brunswick, la ciudad más grande del sureste de Baja Sajonia, era ya en el siglo XVI una de las ciudades más poderosas del imperio y residencia de Enrique el León. La Burgplatz, en el centro de la ciudad, está delimitada por la catedral, el palacio de Dankwarderode, y, enfrente, la casa clasicista de Vieweg así como bellos edificios de entramado. En su cercanía queda el edificio neogótico del Ayuntamiento con su torre de 61 metros de altura, que se inspira en modelos del arte flamenco.

Già nel XI secolo Braunschweig - oggi il maggiore centro urbano della regione sudorientale della Bassa Sassonia - era una delle più potenti città del regno e residenza di Enrico XII il Leone. La Burgplatz al centro della città è delimitata dal Duomo, dal Burg Dankwarderode, dall'edificio classicistico della Vieweghaus e da tipici, e ben conservati, edifici a graticcio. Nelle vicinanze sorge il Municipio, un palazzo in stile neogotico con la torre alta 61 metri, d'ispirazione fiamminga.

ブラウンシュヴァイクはニーダーザクセン州の南東で最大の都市。既に11世紀に、ハインリッヒ獅子王の王国の中で最も栄え、王の権勢を伝えた町のひとつであった。町の中央のブルクプラッツ広場は大聖堂とダンクヴァルデローデ城に接し、その前に擬古典主義のフィーヴェクハウスと美しい木骨建築の建物が並ぶ。そしてその隣には61メートルの塔を持つネオゴシックの市役所があるが、これはフランダースの建築を手本として建てられたものである。

Der Kirchturm von St. Andreas überragt mit einer Höhe von 114,5 Metern die Dächer der alten Bischofsstadt Hildesheim. In der gotischen Bürgerkirche befindet sich eine der größten und schönsten Orgeln Norddeutschlands. Mit der Gottesburg St. Michael (linker Bildrand Mitte) und dem Dom (oben links) besitzt die niedersächsische Stadt außerdem herausragende Denkmäler romanischer Baukunst. Seit 1985 gehören sie zum UNESCO-Weltkulturerbe.

Rising to a height of 114.5 metres, the church tower of St. Andreas looks down onto the roofs of the old diocesan town of Hildesheim. The Gothic Bürgerkirche (Citizens' Church) contains one of the biggest and most beautiful organs in northern Germany. The Lower Saxonian town also has two outstanding monuments of Romanesque architecture: the Gottesburg St. Michael (centre, left edge) and the cathedral (top left), which were made World Heritage Sites in 1985.

Le clocher de l'église St. Andreas culmine à une hauteur de 114,5 mètres au-dessus des toits de la vieille ville épiscopale de Hildesheim. L'église paroissiale gothique recèle un des plus grands et plus beaux orgues du nord de l'Allemagne. La ville de Basse-Saxe possède également d'importants monuments d'architecture romane, dont l'église Gottesburg St. Michael (extrême gauche, au milieu) et la cathédrale (en haut à gauche), qui font partie du patrimoine mondial de l'UNESCO depuis 1985.

Con una altura de 114,5 metros, el campanario de San Andrés destaca sobre los tejados de la antigua ciudad episcopal de Hildesheim. En esta iglesia gótica se encuentra uno de los órganos más grandes y más bellos del Norte de Alemania. Con la iglesia de San Miguel (margen izquierdo, centro) y la catedral (arriba, izquierda), esta ciudad de Baja Sajonia posee además destacados monumentos de arquitectura románica. En 1985 fue declarada patrimonio cultural de la Humanidad por la UNESCO.

Il campanile di St. Andreas, alto 114,5 metri, sovrasta i tetti dell'ex città vescovile di Hildesheim. La chiesa parrocchiale gotica possiede uno degli organi più belli e grandi della Germania settentrionale. La cattedrale di St. Michael (al centro, sul margine sinistro della foto) ed il Duomo (in alto a sinistra), due straordinari monumenti d'architettura romanica, sono stati dichiarati Patrimonio dell'Umanità dall'UNESCO nel 1985.

古い大司教区の町ヒルデスハイムですぐ目に入るのが、サンクト・アンドレアス教会の114,5 mの塔だ。ほかの屋根を越えてそびえているこのゴシックの教会の中に、北ドイツで最も大きく、最も美しいパイプオルガンのひとつが入っている。このニーダーザクセン州の町には他に、神の城、サンクト・ミヒャエル（写真左端、中）と大聖堂（左上）の、ロマネスク様式の記念碑的建物もあり、両方ともに1985年よりユネスコ世界文化遺産とされている。

Am Wasserstraßenkreuz nordöstlich der Landeshauptstadt Magdeburg trifft der aus dem Ruhrgebiet kommende Mittellandkanal auf die Elbe. Mit der im Rahmen des Verkehrsprojektes Deutsche Einheit Nr. 17 geschaffenen Kanalbrücke, die den Mittellandkanal über die Elbe hinwegführt, ist seit Oktober 2003 eine durchgängige, vom Wasserstand der Elbe unabhängige Verbindung zum Elbe-Havel-Kanal geschaffen.

At the waterway intersection to the north-east of the regional capital of Magdeburg, the Mittellandkanal, originating from the Ruhr area in the west, meets the river Elbe. The bridge across both waterways was created as part of "Verkehrsprojekt Deutsche Einheit Nr. 17", one of the government projects following the German reunification. Opened in 2003, the bridge is unaffected by the water-level of the Elbe and provides a direct connection to the Elbe-Havel-Canal.

Le croisement des voies navigables au nord-est de la capitale régionale de Magdebourg est le point de rencontre du canal du Mittelland et de l'Elbe. Construit dans le cadre du projet n° 17 de l'Unité allemande en matière de transport pour poursuivre le canal du Mittelland au-delà de l'Elbe, le pont-canal constitue depuis octobre 2003 une liaison permanente avec le canal Elbe-Havel, indépendamment du niveau des eaux de l'Elbe.

Al noreste de la capital regional de Magdeburgo, el Mittellandkanal, procedente de la cuenca del Ruhr, empalma con el Elba en un cruce de vías fluviales. Desde octubre de 2003, el Puente del Canal, construido en el marco del proyecto vial Unidad Alemana N° 17, conduce el Mittellandkanal sobre el Elba, con lo que se ha creado una unión permanente con el canal Elba-Havel independiente del nivel de agua del Elba.

In corrispondenza del crocevia fluviale a nord-est della capitale della Sassonia-Anhalt, Magdeburgo, il Mittellandkanal proveniente dalla regione della Ruhr incrocia l'Elba. Qui un viadotto di convogliamento - costruito nell'ambito del piano di potenziamento delle infrastrutture di comunicazione dell'ex DDR - incanala le acque del Mittellandkanal e scavalca l'Elba. Da ottobre del 2003 questo canale sopraelevato è un via di collegamento verso l'Elbe-Havel-Kanal indipendente dal livello dell'Elba.

州都マグデブルクの北東にある水路の交差点。ここで、ルール地方から来るミッテルラントカナール運河とエルベ河が出合う。東西ドイツ統一の際、交通分野のプロジェクト１７号の枠内で作られたこの運河の橋により、ミッテルラントカナール運河はエルベ河を渡り、2003年10月よりエルベ河の水位に依存しないエルベ-ハーフェル-運河となった。

Quedlinburg gehört mit seinem riesigen Bestand an Fachwerkhäusern aus acht Jahrhunderten zu den größten Flächendenkmälern Europas. Auf einem Felsen hoch über der Stadt ließ König Heinrich I. zu Beginn des 10. Jahrhunderts ein Schloss errichten, das von den beiden kantigen Türmen der Stiftskirche St. Servatius überragt wird. Unter dem Chor der bedeutenden romanischen Kirche liegt die Krypta mit den Gräbern von Heinrich I. und seiner Gemahlin Mathilde, dem ersten deutschen Königspaar.

With its remarkable number of half-timbered houses from eight different centuries, Quedlinburg is one of the largest historical heritage sites in Europe. At the beginning of the 10th century, King Heinrich I had a castle built on a rock high above the town. It is exceeded in height by the two angular towers of the Collegiate Church of St. Servatius. In the crypt underneath the choir of the Romanesque church are the graves of Heinrich I and his wife Mathilde, the first royal couple of Germany.

Avec son immense effectif de maisons à colombages construites sur huit siècles, Quedlinburg compte parmi les plus grands sites historiques préservés d'Europe. Au début du 10e siècle, le Roi Henri I fit construire, sur un rocher qui surplombe la ville, un château dominé par les deux clochers aux arêtes vives de l'église collégiale St. Servatius. Sous le chœur de cette importante église romane s'étend la crypte qui abrite les tombes d'Henri I et de sa femme Mathilde, premiers époux royaux d'Allemagne.

Por su elevado número de casas de entramado construidas a lo largo de ocho siglos, Quedlinburg es uno de los monumentos más extensos de Europa. A inicios del siglo X el rey Enrique I hizo erigir en un peñasco de la ciudad un castillo, que es dominado por las dos torres angulosas de la iglesia del convento de San Servacio. Bajo el coro de la importante iglesia románica se encuentra la cripta con los sepulcros de Enrique I y su esposa Matilde, la primera pareja real germana.

Il gran numero di case a graticcio costruite in differenti epoche nell'arco di otto secoli, fa di Quedlinburg il più grande complesso architettonico omogeneo d'Europa sotto tutela. Il castello, fatto erigere da Enrico I all'inizio del X secolo su una rocca che domina la città, è sovrastato dalle due torri angolari dell'annessa collegiata di San Servazio. Nella cripta sotto il coro dell'importante chiesa romanica si trovano le tombe di Enrico I e della sua consorte Matilde, primi sovrani della Germania.

クヴェドリンブルク城は、8世紀にわたって建てられた膨大な木骨建築群が残されているので、ヨーロッパ最大の地域文化遺産のひとつに数えられる。10世紀初頭、町を望む岩の上にハインリッヒ1世が城を築かせ、それを司教座教会であるサンクト セルヴァンツィウス教会の角ばった双塔が上から見下ろす形になっている。有名なロマネスク様式のこの教会の聖堂内陣の下に、ドイツ最初の国王夫妻、ハインリッヒ1世とその后マティルデの墓を納めた墓所がある。

58

Die Türme am Marktplatz sind das Wahrzeichen Halles und verleihen der Stadt an der Saale einen besonderen städtebaulichen Akzent. Der Rote Turm wurde 1418/1506 als frei stehender Glockenturm von 84 Metern Höhe errichtet, die spätromanischen Ost- und spätgotischen Westtürme zieren die Marienkirche, in der einst Luther predigte. Das weiße, durch acht Querschiffe rhythmisch gegliederte Gebäude im Bild oben links ist der – turmlose – Dom, in dem der junge Händel 1702/1703 als Organist wirkte.

The towers by the market square are the distinctive features of the urban landscape in the town of Halle by the river Saale. The Red Tower was erected as a free-standing, 84-metre-high bell tower (1418/1506), and the Marienkirche (St. Mary's Church), where Luther preached, is distinguished by eastern towers dating from the late-Romanesque period and western towers of late-Gothic origin. Top left in the picture, the white building, evenly divided into eight transepts, is the – towerless – cathedral, where the young Handel played the organ (1702/1703).

Les tours de la Marktplatz (« Place du Marché ») constituent l'emblème de Halle et confèrent à la ville sur les rives de la Saale un accent urbain particulier : d'une part, La Roter Turm (« Tour rouge »), construite entre 1418 et 1506, est un campanile de 84 mètres de haut. D'autre part, deux clochers romans tardifs et deux autres de style gothique tardif ornent respectivement les côtés est et ouest de l'église Marienkirche, où Luther prêcha jadis. Le bâtiment blanc en haut à gauche, dont la structure est rythmée par huit transepts, est la cathédrale – dénuée de clocher – où le jeune Händel fut organiste en 1702 et 1703.

Las torres de la Plaza del Mercado son el emblema de Halle e imprimen a la ciudad junto al río Saale un acento urbanístico especial. La Torre Roja fue erigida entre 1418 y 1506 como campanario independiente de 84 metros de altura; las torres oriental, del románico tardío, y occidental, del gótico tardío, adornan la iglesia de Santa María, en la que predicó Lutero. El edificio blanco ordenado rítmicamente por ocho naves transversales que se distingue arriba a la izquierda es la catedral –sin torres–, donde el joven Händel ejerció de organista en 1702/1703.

Le torri sulla Piazza del Mercato sono l'emblema di Halle e donano alla città sulle rive della Saale un particolare accento urbanistico. La torre rossa fu eretta tra il 1418 ed il 1506 ed era in origine un campanile indipendente alto 84 metri, mentre la torre tardoromanica e quella tardogotica fiancheggiano rispettivamente il lato est e quello ovest della Marienkirche, la chiesa dove predicò Lutero. L'edificio bianco, contraddistinto dalle otto navate trasversali (a sinistra in alto nella foto) è il Duomo privo di campanile, dove il giovane Händel operò come organista tra il 1702 ed il 1703.

マルクトプラッツ広場の塔はハレの象徴。ザール川のほとりのこの町に都市建築上独特なアクセントをつけている。デア ローテ トゥルム塔は1418年と1506年に84 mの高さの独立した鐘塔として建てられた。かつてルターが説教したマリーエンキルヒェ教会を、後期ロマネスクの東塔と後期ゴシックの西塔が飾っている。写真左上に見える、8つのリズミカルな翼廊をもつ白い建物は、塔のない大聖堂で、ヘンデルはここで1702年から1703年、パイプオルガン奏者として務めていた。

Blick auf das historische Stadtzentrum der über 800-jährigen Handels- und Messestadt Leipzig: Auf den Grundmauern der ehemaligen Befestigungsanlagen der Pleißenburg entstand bis 1905 das Neue Rathaus (links), in dem die Stadtverwaltung untergebracht ist. Der zweite Turm im Bild gehört zur 1212 erbauten Thomaskirche, bekannt als Wirkungsstätte Johann Sebastian Bachs, der hier Kantor war und dessen Grab im Chorraum zu finden ist.

View of the historical centre of Leipzig: the city of commerce and trade fairs is over 800 years old. The Neues Rathaus (New City Hall), finished in 1905 and today the home of the city administration, was erected on the foundation walls of the former fortifications of Pleißenburg castle. The second tower in the picture is part of the Thomaskirche (St. Thomas's Church). Built in 1212, it is famous for its former choirmaster Johann Sebastian Bach, whose grave is in the choir of the church.

Vue sur le centre historique de la ville de commerce et de foires qui compte plus de 800 ans d'histoire, Leipzig. Siège de l'administration, le Neues Rathaus (« Nouvel Hôtel de Ville », à gauche) fut achevé en 1905 sur les fondations des anciennes fortifications de Pleißenburg. La seconde tour visible sur la photo appartient à l'église Thomaskirche érigée en 1212, où Jean-Sébastien Bach fut organiste et chef de la chorale. Sa tombe se trouve dans le chœur de l'église.

Vista del centro histórico de la ciudad comercial y ferial de Leipzig, de más de 800 años de antigüedad: sobre los cimientos de las antiguas murallas del castillo de Pleißenburg se construyó hasta 1905 el Ayuntamiento Nuevo (izquierda), en el que se aloja la administración de la ciudad. La segunda torre de la foto pertenece a la iglesia de Santo Tomás, construida en 1212, conocida como sede de operación de Johann Sebastian Bach, que ocupó aquí el puesto de cantor y cuyo sepulcro se encuentra en el coro.

Vista del centro storico di Lipsia, città che vanta più di otto secoli di tradizione mercantile e fieristica: sulle fondamenta delle antiche opere di difesa della piazzaforte di Pleißenburg sorse il Nuovo Municipio (a sinistra), ultimato nel 1905 e sede dell'amministrazione comunale. La seconda torre che si scorge nella foto appartiene alla Thomaskirche, la chiesa costruita nel 1212 e nota perché Johann Sebastian Bach, qui sepolto nella zona del coro, vi lavorò come cantore.

これが800年以上商業と見本市の町として栄えたライプツィヒの歴史的な中心街の眺めだ。かつてプライセンブルクの要塞設備であった基礎壁の上に1905年に新市庁舎、ダス・ノイエ・ラートハウス（左）が建てられ、市の行政各庁が置かれている。写真中2つめの塔は1212年に建てられたトーマスキルヒェ教会で、ヨハン セバスティアン・バッハがここの聖歌隊長であったことはあまりにも有名である。その墓所も聖堂内陣にある。

Im Oktober 1813 wurde bei Leipzig Weltgeschichte geschrieben: Die verbündeten Armeen Russlands, Preußens, Österreichs und Schwedens standen Napoleons Streitmacht gegenüber. In der dreitägigen Schlacht verloren rund 110 000 Menschen ihr Leben. An der Stelle, wo sich Napoleons Gefechtsstand befand, wurde 100 Jahre später nach den Entwürfen von Bruno Schmitz ein weithin sichtbares Denkmal errichtet, das so genannte Völkerschlachtdenkmal; das Wasserbecken davor symbolisiert die Tränen der Völker um die Gefallenen der Schlacht.

In October 1813, world history was written near Leipzig: the allied armies of Russia, Prussia, Austria and Sweden stood facing Napoleon's troops. During a three-day battle around 110.000 lost their lives. On the site of Napoleon's command post, the huge Völkerschlachtdenkmal (Battle of the Nations Memorial) was erected to the design of Bruno Schmitz a hundred years later. The water basin in front symbolises the tears for the fallen soldiers from all sides.

Une page importante de l'histoire mondiale fut écrite à Leipzig en octobre 1813 : Les armées alliées de Russie, de Prusse, d'Autriche et de Suède faisaient face aux forces napoléoniennes. 110 000 hommes perdirent la vie au cours de cette bataille de trois jours. 100 ans plus tard, un monument commémoratif visible de très loin fut érigé selon les plans de Bruno Schmitz sur ce lieu de combat contre Napoléon. Le bassin qui s'étend aux pieds du fameux Monument à la Bataille des Nations symbolise les larmes des peuples pour les victimes de cet affrontement.

En octubre de 1813, se escribió cerca de Leipzig un capítulo de la historia europea: los ejércitos de la coalición de Rusia, Prusia, Austria y Suecia se enfrentaron a las fuerzas de Napoleón. En los tres días que duró la batalla perdieron la vida unos 110.000 soldados. En el lugar donde estuvo el puesto de mando de Napoleón, 100 años después se erigió según planos de Bruno Schmitz un monumento visible desde lejos, el llamado Monumento de la Batalla de las Naciones; el estanque que se extiende delante simboliza las lágrimas de los pueblos derramadas por los caídos en la batalla.

Nell'ottobre del 1813 i dintorni di Lipsia furono scenario di un triste capitolo di storia: le armate alleate di Russia, Prussia, Austria e Svezia affrontarono qui le truppe di Napoleone, in uno scontro di tre giorni che costò la vita a 110 000 persone. Cent'anni dopo, là dove si trovava il posto di comando di Napoleone, fu eretto un gigantesco monumento commemorativo, disegnato da Bruno Schmitz, il cosiddetto monumento della Battaglia delle Nazioni. L'antistante vasca simboleggia le lacrime versate dal popolo per i caduti in battaglia.

1813年10月にライプツィヒの近くで世界史を変える出来事があった：ロシア、プロイセン、オーストリア、スウェーデンの連合軍がナポレオン軍に立ち向かったのだ。3日間の戦闘で失われたのは11万人。ナポレオンの戦闘地跡に、100年後ブルーノ・シュミッツの原案により遠くからも見える記念碑が建てられ、その前の湖は戦闘で命を落とした多数の民族の涙を象徴している。

In Dresden, der Hauptstadt des Bundeslandes Sachsen, ist heute wieder viel von dem einstigen Glanz der Elbmetropole zu spüren, die einst den klangvollen Beinamen »Elbflorenz« trug. Der Wiederaufbau des Stadtzentrums hat sein bekanntestes Symbol in der Dresdner Frauenkirche, dem prachtvollen barocken Kuppelbau in der linken Bildmitte. Auch der restaurierte Zwinger (oben links am Bildrand), die Semperoper mit ihrem leuchtenden Dach rechts daneben und das Schloss (links neben der Kathedrale) sind wieder Anziehungspunkte für Touristen aus aller Welt.

Dresden, the capital of Saxony, has regained much of its former splendour from the days when the city was also known as "Florence on the river Elbe". The most famous symbol for the reconstruction of the inner-city area is the Frauenkirche (Church of Our Lady, centre left), a magnificent domed church from the Baroque era. Likewise, the restored Zwinger Palace (top, left edge), the Semper Opera with its shiny roof (to the right), as well as the castle (to the left of the cathedral) once more attract tourists from all over the world.

A Dresde, capitale du land fédéral de Saxe, on peut à nouveau ressentir la magnificence que dégageait la Métropole de l'Elbe jadis, lorsqu'on lui donnait le surnom sonore de « Florence de l'Elbe ». La reconstruction du centre ville a pour symbole célèbre l'église Frauenkirche et sa splendide coupole baroque (au milieu à gauche). Le Zwinger restauré en haut à l'extrême gauche, sur sa droite l'opéra de Dresde et son toit brillant, et enfin le château à gauche à côté de la cathédrale constituent également d'autres attractions pour les touristes du monde entier.

En Dresde, la capital regional de Sajonia, se vuelve a percibir hoy parte del antiguo esplendor de la metrópolis del Elba, que en el pasado ostentó el nombre de «Florencia del Elba». La reconstrucción del centro de la ciudad tiene su símbolo más conocido en la Iglesia de Nuestra Señora de Dresde, el suntuoso edificio barroco con la cúpula en el centro izquierda de la foto. También el patio restaurado del Zwinger (en el margen superior izquierdo de la foto), la Ópera diseñada por Semper con el tejado brillante, a su derecha, y el palacio (a la izquierda de la catedral) vuelven a atraer a turistas de todo el mundo.

Oggi a Dresda, capitale della Sassonia, è nuovamente palpabile quello splendore che caratterizzò in passato la metropoli sull'Elba, detta anche «Firenze sull'Elba». Il simbolo più illustre della ricostruzione del centro storico è la Frauenkirche, la sfarzosa cattedrale barocca a cupola riconoscibile al centro della foto, sulla sinistra. Anche il restaurato complesso architettonico dello Zwinger (in alto a sinistra, al margine della foto), la Semperoper, il teatro dell'Opera con la sfavillante copertura, alla sua destra, ed il castello (a sinistra, accanto alla cattedrale) attirano nuovamente turisti da tutto il mondo.

ザクセン州の州都ドレスデンはかつて「エルベのフィレンツェ」と讃えられた。そのエルベ河のほとりのメトロポールが再びその姿を見せ始めた。市の中心街の大掛かりな再建のシンボルが、ドレスデンのフラウエンキルヒェ教会。写真中央左にそのバロックの素晴らしい丸屋根を見せている。復興されたツヴィンガー（写真左上端）、その右のオペラ座、ゼムパー オーパーの輝く屋根と城（大教会の左隣）は世界中から集まる観光客を惹きつけてやまない。

Inmitten des Friedewaldes bei Dresden ließ Moritz von Sachsen 1542–1546 auf einer künstlichen Insel im Schlossteich ein barockes Jagdschloss, die Moritzburg, errichten. Es zählte fortan zu den beliebtesten Jagdaufenthalten der sächsischen Kurfürsten und Könige. Zu ihnen gehörte auch Friedrich August I., genannt August der Starke, dem die Schlossanlage darüber hinaus als prachtvolle Kulisse für königliche Lustbarkeiten diente.

In the middle of the Friedewald forest near Dresden, set on an artificial island, the Moritzburg was built on the orders of Moritz von Sachsen, between 1542 and 1546. This Baroque palace was one of the most popular hunting lodges among the Saxonian Electors and Kings. Friedrich August I, commonly known as "der Starke" (the Strong), also used the palace and its grounds as a splendid setting for his royal revels.

Au cœur de la forêt de Friedewald près de Dresde, sur l'île artificielle de l'étang Schlossteich, Moritz de Saxe fit construire entre 1542 et 1546 un château de chasse baroque répondant au nom de Moritzburg. Il a dès lors compté parmi les domaines de chasse favoris des princes électeurs et rois de Saxe. L'un d'eux était Frédéric Auguste I, aussi dénommé Auguste le Fort, qui fit du château également un magnifique décor destiné aux divertissements royaux.

Cerca de Dresde, en medio del bosque de Friedewald, Moritz de Sajonia hizo construir en 1542–1546 un palacio barroco de caza, el Moritzburg, sobre la isla artificial de un estanque. El palacio se convertiría en una de las residencias de caza favoritas de los príncipes electores y reyes sajones. Entre ellos se encontraba también Federico Augusto I, llamado Augusto el Fuerte, que además utilizó el complejo del palacio como suntuoso escenario para diversiones reales.

Al centro del Friedewald, nei dintorni di Dresda, Moritz von Sachsen fece erigere tra il 1542 ed il 1546 Moritzburg, un castelletto di caccia barocco che sorge su un isolotto artificiale. Da allora questo fu uno dei ritrovi di caccia più amati dalla corte sassone. Tra gli amanti di questo castelletto vi fu anche Federico Augusto I detto il Forte che usò la tenuta come sfarzoso scenario per la rappresentazione di divertissement di corte.

ドレスデン近くのフリーデヴァルト森の只中にシュロスタイヒ湖がある。その人工の島にモーリッツ・フォン・ザクセン侯が1542年から1546年までかかってバロックの狩城を建てさせた。モーリッツブルク城だ。それ以来この城はザクセン選帝侯や王たちの狩猟の際の格好の拠点となった。アウグスト強王と呼ばれるフリードリヒ・アウグスト1世もそのひとり。この城の設備は王の饗応の豪華な背景として使われた。

Weimar steht als einzige Stadt gleich dreimal auf der Welterbeliste. Vieles erinnert an die deutschen Dichter und Denker, die dem Residenzort zu Weltruhm verhalfen: so unten rechts das Deutsche Nationaltheater, das unter der Leitung Goethes und Schillers ein glänzendes Vierteljahrhundert Theaterkultur erlebte, und oben links das Stadtschloss, heute Sitz der Stiftung Weimarer Klassik und Kunstsammlungen. Vor dem Park an der Ilm liegt die das weiße Gebäude der Bibliothek Anna Amalia (oben rechts im Bild), deren kostbarer Rokokosaal mit einem großen Teil der Bestände im September 2004 einem Brand zum Opfer fiel.

Weimar is the only town which appears three times in the World Heritage List. There are many reminders of the German poets and philosophers who made the former royal residence world-famous: under the aegis of Goethe and Schiller the German National Theatre (below right) enjoyed a magnificent quarter-century of theatre culture. The Stadtschloss (top left) is today the seat of the "Stiftung Weimarer Klassik und Kunstsammlungen" (Weimar Culture and Arts Foundation). The white building in front of the park, by the river Ilm, houses the Anna Amalia Library. The precious Rococo reading-room and a large part of the library's stock were severely damaged by fire in September 2004.

Weimar est l'unique ville qui soit inscrite trois fois au patrimoine mondial. Beaucoup y rend hommage aux poètes et penseurs allemands, qui rendirent ce lieu de résidence célèbre. Ainsi, en bas à droite, le théâtre national allemand, qui connut sous la direction de Goethe et Schiller un quart de siècle de culture théâtrale étincelant. En haut à gauche, le Stadtschloss (« Château municipal »), aujourd'hui siège de la Fondation du Classicisme de Weimar et de collections d'art. Devant le parc au bord de l'Ilm s'élève le bâtiment blanc de la bibliothèque Anna Amalia (en haut à droite), dont la précieuse salle de style rococo et un grand nombre d'objets furent la proie des flammes en septembre 2004.

Weimar es la única ciudad que está incluida tres veces en la lista del patrimonio de la UNESCO. Mucho recuerda al poeta y al filósofo que hicieron famosa en el mundo esta ciudad ducal: así, en la parte inferior derecha de la foto se distingue el Teatro Nacional Alemán, que vivió un brillante cuarto de siglo de cultura teatral bajo la dirección de Goethe y Schiller, y arriba a la izquierda el palacio de la ciudad, hoy sede de la Fundación Weimarer Klassik und Kunstsammlungen. Delante del parque que se extiende junto al Ilm está situado el edificio blanco de la biblioteca de Anna Amalia (en la parte superior derecha de la foto), cuya magnífica sala rococó fue pasto de las llamas junto con una gran parte de la colección de libros en septiembre de 2004.

A Weimar, unica città a vantare tre citazioni nella lista dei Patrimoni dell'Umanità, molti luoghi ricordano ancora i poeti e pensatori tedeschi che contribuirono alla sua fama mondiale. Tra questi il Deutsches Nationaltheater, in basso a destra, il teatro dove nei 25 anni in cui fu diretto da Goethe e Schiller la cultura teatrale sperimentò una grande fioritura, e, in alto a sinistra, lo Stadtschloss, oggi sede della fondazione che cura le Weimarer Klassik und Kunstsammlungen, collezioni d'arte che vanno dal medioevo al XX secolo. L'edificio bianco davanti al Parco sull'Ilm (in alto a destra) è la Biblioteca Anna Amalia, le cui stupende sale rococò, e gran parte dei libri, sono state distrutte nel settembre del 2004 da un incendio.

ワイマールは世界遺産に3回登場する唯一の都市。その名を世界に広めたドイツの詩人や哲学者が浮かぶ：右下のドイツ国立劇場ではゲーテとシラーの指揮の下に四半世紀の間ドイツの劇場芸術が花開き、左上のシュタットシュロス城にはワイマールの古典主義と芸術蒐集の財団の中枢が置かれている。イルム川に面す公園にはアンナ・アマリア図書館の白い建物（写真右上）が見える。惜しいことにその貴重なロココ様式の広間は、蔵書の大半とともに2004年9月の大火の犠牲になってしまった。

70

Auf der westlichen Anhöhe der thüringischen Landeshauptstadt Erfurt erheben sich Dom und Severikirche. Vom Domberg hat man einen herrlichen Blick über die bunte, mit vielen Türmen gespickte Dachlandschaft der Altstadt, die selbst in der neuen »Umgürtelung« mit gewaltigen Betonbauten der achtziger Jahre ihren Charme bewahrt hat.

On a hill to the west of the town of Erfurt, the cathedral and the Severi Church rise above the Thuringian capital. The cathedral hill offers a fine view of the colourful roofs and the many towers of the old town, which has retained its charm despite the massive "concrete belt" built around it in the 1980s.

Sur les hauteurs ouest d'Erfurt, capitale régionale de la Thuringe, s'élèvent la cathédrale et l'église Severi. Depuis la colline où se situe la cathédrale, on jouit d'une vue magnifique sur le paysage piqué de nombreuses tours et coloré des toits de la vieille ville, qui a su garder son charme malgré la ceinture moderne d'énormes bâtiments de béton datant des années quatre-vingt.

En la colina occidental de Erfurt, la capital regional de Turingia, se elevan la catedral y la iglesia de San Severo. Desde la montaña de la Catedral se disfruta una magnífica vista sobre el colorido paisaje de tejados, salpicado de numerosas torres, de la ciudad antigua, que ha conservado su encanto a pesar de aparecer ahora flanqueada por enormes edificios de cemento de los años 80.

Sulla collina occidentale della capitale della Turingia s'innalzano il Duomo e la Severikirche. Dalla collina del Duomo si gode una magnifica vista sulla variopinta distesa di tetti, dove spiccano le numerose torri, del centro storico di Erfurt che è riuscita a conservare il proprio charme, nonostante i massicci palazzi in cemento che dagli anni Ottanti la cingono d'assedio.

テューリンゲンの州都エアフルトの西の高みに大聖堂とセヴェリキルヒェ教会がそびえる。ドームベルク山からは旧市街の色とりどりの屋根やたくさんの塔が望める。この旧市街は、80年代のコンクリート建築によるすさまじい「ベルトの締め直し」にも拘わらずその魅力を失っていない。

Vor der Kulisse des Thüringer Waldes bei Eisenach erhebt sich auf einer Bergkuppe die Wartburg, die einen prominenten Platz in der deutschen Geschichte einnimmt. Ihre Glanzzeit erlebte sie im Hochmittelalter unter der Herrschaft der Thüringer Landgrafen, die sie zu einem Zentrum höfisch-mittelalterlicher Kultur ausbauten. Der Name der Burg verbindet sich zum einen mit dem berühmten »Sängerkrieg«, zum anderen mit dem Reformator Martin Luther, der 1521 bis 1522 hier das Neue Testament übersetzte.

Against the backdrop of the Thuringian Forest by the town of Eisenach, the Wartburg rises on a mountain top. The castle has a prominent place in German history: its heyday was in the high-middle ages under the rule of the Thuringian landgraves, who made it a centre of medieval court culture; the name of the castle is linked to the famous "Sängerkrieg" (Minstrels' Contest), and likewise to the Reformer Martin Luther who translated the New Testament here (1521–1522).

Intégrée dans le décor de la forêt de Thuringe près d'Eisenach, la forteresse Wartburg, qui occupe une place prestigieuse dans l'histoire de l'Allemagne, se tient fièrement au sommet d'une colline. Elle connut son époque de gloire au Moyen-Âge, sous le règne des landgraves de Thuringe, qui en firent un centre de culture courtoise moyenâgeuse. Le nom du château-fort évoque d'une part la fameuse « Guerre des chanteurs », et d'autre part le réformateur Martin Luther, qui y traduisit le Nouveau Testament de 1521 à 1522.

En lo alto de una montaña cerca de Eisenach y con el bosque de Turingia de trasfondo se encuentra el castillo de Wartburg, que ocupa un lugar destacado en la historia de Alemania. Vivió su época de esplendor en la Alta Edad Media bajo el dominio de los landgraves de Turingia, que lo convirtieron en un centro de la cultura medieval cortesana. El nombre del castillo se vincula por un lado con el famoso poema medieval «El torneo de los poetas», y por el otro con el reformador Martín Lutero, que entre 1521 y 1522 tradujo aquí el Nuevo Testamento.

Sulla cima di un colle nei pressi di Eisenach, cui fa da sfondo la Selva di Turingia, si erge la Wartburg, una fortezza che ebbe un ruolo di spicco nella storia tedesca. Il periodo di maggior fulgore lo sperimentò nell'alto medioevo, quando sotto il dominio dei langravi di Turingia divenne un importante centro della cultura cortese medievale. Il nome della fortezza è legato da un lato alla celebre «Sängerkrieg», la disfida dei cantori, e dall'altro al riformatore Martin Lutero che qui tradusse, dal 1521 al 1522, il Nuovo Testamento.

ヴァルトブルク城はアイゼナッハ近くのテューリンゲン森を背景とした山の尾根にそびえる。ドイツの歴史に大きな役割を果たした城の全盛期は中世の只中、テューリンゲン方伯統治の頃。それによってここは中世の宮廷文化の中心となった。この城の名で連想されるのは有名な「歌合戦」と、宗教改革者マルティン・ルターで、彼はここで1521年から1522年にかけて聖書の新約にあたった。

Die ehemalige Zeche Zollverein bei Essen zählt zu den bekanntesten Industriedenkmälern Deutschlands und wurde im Dezember 2001 von der UNESCO mit dem Titel Weltkulturerbe ausgezeichnet. Die im Bauhausstil errichtete Zentralschachtanlage XII (im Vordergrund links) wurde zwischen 1928 und 1932 von den damals führenden Industriearchitekten Fritz Schupp und Martin Kremmer gebaut und galt seinerzeit als zukunftsweisende Modellanlage. Heute wird der Schacht gemeinsam mit der früheren Kokerei (im Hintergrund) als Kulturzentrum genutzt.

The former coal-mine "Zollverein" near the city of Essen is one of Germany's most well-known industrial monuments. In December 2001, UNESCO officially declared it a World Heritage Site. The central shaft building "XII" (front left) is in the Bauhaus style. Built between 1928 and 1932 by Fritz Schupp and Martin Kremmer, leading industrial architects of the time, it was regarded as a role model for future constructions. Today, the shaft and the former coking plant (back) are both used as a cultural centre.

L'ancienne mine à charbon de Zollverein, près de Essen, est un des monuments industriels les plus connus en Allemagne et a rejoint le patrimoine mondial de l'UNESCO en 2001. Le puits central XII (à l'avant à gauche) fut construit dans le style du Bauhaus entre 1928 et 1932 par les architectes industriels renommés à l'époque Fritz Schupp et Martin Kremmer. Il constituait alors un aménagement modèle porteur d'avenir. Aujourd'hui, le puits et l'ancienne cokerie (à l'arrière plan) ont tous deux été réaffectés en centre culturel.

La antigua mina de carbón Zollverein cerca de Essen es uno de los monumentos industriales más conocidos de Alemania y desde diciembre de 2001 forma parte del Patrimonio Cultural de la Humanidad de la UNESCO. La excavación central XII (en primer plano a la izquierda), erigida en el estilo Bauhaus, fue construida entre 1928 y 1932 por los entonces reconocidos arquitectos industriales Fritz Schupp y Martin Kremmer y fue considerada en su época una instalación modélica. Actualmente, la mina y la antigua coquería (al fondo) alojan un centro cultural.

L'ex miniera di carbone Zollverein ad Essen è uno dei monumenti industriali più noti della Germania e da dicembre del 2001 è annoverata nel Patrimonio dell'Umanità dell'UNESCO. Costruito tra il 1928 ed il 1932 in stile Bauhaus da Fritz Schupp e Martin Kremmer - i più prestigiosi architetti industriali del tempo - il pozzo centrale XII (in primo piano a sinistra) era considerato per quell'epoca un impianto modello all'avanguardia. Oggi il pozzo e l'ex cokeria (sullo sfondo) ospitano un centro culturale.

エッセン近くにあるかつての鉱山ツォルフェアアインは、ドイツで最も有名な工業遺産の一つ。2001年12月にユネスコ世界文化遺産となった。中央12番の立坑(手前左)は、1928年から1932年までかかって当時工業建築の立役者であったフリッツ・シュップとマルティン・クレマーにより建てられたバウハウス様式。将来の工業建築の方向づけをするモデル的存在であった。この立坑は、後方に見えている旧コークス製造所と共に今は文化センターとして使われている。

Preußens kunstsinniger König Friedrich Wilhelm IV. legte 1842 den Grundstein zum Weiterbau des gotischen Doms in Köln, mit dessen Errichtung 1248 begonnen wurde. Die Begeisterung des preußischen Königs für dieses Bauwerk prägte auch die Domumgebung: Auf seinen Wunsch hin wurde im Schatten der Kathedrale – auf dem Gelände des alten Botanischen Gartens – der Hauptbahnhof eingerichtet, mit der Hohenzollernbrücke als achsialer Verlängerung des Doms.

Prussia's artistically inclined King Friedrich Wilhelm IV laid the initial foundation stone for the further construction of the gothic cathedral in 1842, whose original building work begann in 1248. His enthusiasm for this building also had an influence on the area directly surrounding it: at his insistence the main railway station was constructed next to the cathedral on the site of the former botanical garden, and the Hohenzollern Bridge was built as an extension of the cathedral's main axis.

En 1842, le roi de Prusse Frédéric Guillaume IV, ami des arts, posa la première pierre des travaux d'achèvement de la cathédrale de Cologne, dont la construction fut entamée en 1248. L'enthousiasme du Roi de Prusse pour cet édifice a également marqué ses alentours : à la demande du monarque, la gare centrale fut construite à l'ombre de l'imposant bâtiment gothique sur l'ancien terrain du jardin botanique, avec le pont Hohenzollern situé dans l'axe de prolongement de la cathédrale.

El rey Federico Guillermo IV de Prusia, amante del arte, colocó en 1842 la primera piedra para continuar la construcción de la catedral gótica. Su fascinación por esta obra arquitectónica caracterizó también los alrededores de la catedral: a petición suya, se construyó a la sombra de la misma, en el terreno del antiguo Jardín Botánico, la Estación Central de tren y el Hohenzollernbrücke como prolongación axial de la catedral.

Fu Federico Guglielmo IV, uomo di grande sensibilità artistica, ad inaugurare nel 1842 i lavori per l'ultimazione del Duomo gotico a Colonia, iniziati nel 1248. L'entusiasmo dell'imperatore prussiano per quest'opera architettonica influenzò anche l'impianto della zona circostante. Fu infatti per suo volere che all'ombra della cattedrale - sull'area dell'ex Giardino Botanico - sorsero la Stazione Centrale e l'Hohenzollernbrücke, prolungamento ideale dell'orientamento assiale del Duomo.

ゴシック様式のケルン大聖堂は1248年に立て始められた。そして1842年、芸術に理解のあったプロイセンのフリードリヒ・ヴィルヘルム四世は建築続行の礎石を置いた。この建物に対する王の熱の入れ方はドーム周辺にまで及び、大聖堂の影にあった旧ボタニックガーデンに王の希望で中央駅が建てられ、ドームを軸にした延長線上にホーエンツォラーン ブリュッケ橋も成った。

Die ehemalige kurfürstliche Residenz am Hofgarten in Bonn ist seit 1818 Sitz der Universität, die heute einen Spitzenplatz in der deutschen und internationalen Universitätslandschaft behauptet. Davor liegt die Kreuzkirche, am linken Bildrand ist das Bonner Münster zu erkennen, ein bedeutendes Beispiel mittelalterlicher rheinischer Kirchenbaukunst. Ein Kleinod ist der romanische Kirchgang aus dem 12. Jahrhundert.

The former Electors' residence at the Hofgarten (Court Gardens) in Bonn has been the seat of the city's university since 1818, which maintains its position as one of today's top German and international universities. In front of it is the Kreuzkirche, and on the left edge of the picture, the Bonner Münster provides a great example of medieval church building in the Rhine area: one of its highlights is the Romanesque cloister from the 12th century.

L'ancienne résidence princière du Hofgarten à Bonn est depuis 1818 le siège de l'université, qui occupe aujourd'hui une place de premier plan dans le paysage universitaire allemand et international. A l'avant s'élève l'église Kreuzkirche, et à l'extrême gauche on reconnaît le Bonner Münster, exemple frappant d'architecture ecclésiastique rhénane du Moyen-Âge, dont l'entrée romane du 12e siècle est un véritable joyau.

La antigua residencia de los príncipes electores junto al Hofgarten de Bonn alberga desde 1818 la Universidad, que hoy ocupa una posición puntera en el paisaje universitario alemán e internacional. Delante queda la iglesia de la Santa Cruz, y en el margen izquierdo de la foto el monasterio de Bonn, un destacado ejemplo de arquitectura religiosa medieval renana. Una pequeña joya arquitectónica es el claustro románico del siglo XII.

È dal 1818 che l'ex residenza dei principi arcivescovi di Bonn è sede dell'università, oggi uno degli atenei più prestigiosi nel panorama universitario tedesco ed internazionale. Davanti al complesso antistante il parco dell'Hofgarten sorge la Kreuzkirche, sul margine sinistro della foto si intravede il Münster, importante esempio d'architettura sacrale del medioevo renano. Un piccolo gioiello è il chiostro romanico della cattedrale, risalente al XII secolo.

選帝候のレジデンツシュロス城はボンのホーフガルテン宮廷庭園内にある。1818年よりボン大学の拠点で、ドイツと世界の大学の中でも主導的役割をはたしている。その前にクロイツキルヒェ教会、写真左端にライン地方の中世建築の優れた一例であるボンのミュンスター、司教座聖堂が見える。その12世紀のロマネスク様式の側廊通路は珠玉とされている。

Im Siebengebirge am nördlichen Rand von Königswinter liegt der Petersberg, ein idyllischer Ort mit politischer Vergangenheit. Wo im Mittelalter Zisterziensermönche lebten, entstand zu Beginn des 20. Jahrhunderts ein Hotel, das nach dem Zweiten Weltkrieg als Sitz der Alliierten Unterzeichnungsort des »Petersberger Abkommens« war und in den letzten beiden Jahrzehnten der Bonner Republik als »Gästehaus der Regierung« genutzt wurde.

The Petersberg, on the northern edge of Königswinter in the Siebengebirge, is an idyllic spot with a political past. Built originally as a hotel at the beginning of the 20th century on a site where Cistercian monks lived during medieval times, it was the site of the Allies' signing of the Petersberg Agreement shortly after World War II. It served as the "Governmental Guesthouse" during the last two decades of the Bonn Republic.

A l'extrémité nord de la ville de Königswinter se trouve le Petersberg, lieu idyllique au passé marqué par la politique. Lieu de vie de moines cisterciens au Moyen-Âge, hôtel au début du 20e siècle, siège des alliés et lieu de signature des accords de Petersberg après la seconde guerre mondiale, l'endroit servit de « lieu de résidence » du gouvernement au cours des deux dernières décennies de la « République de Bonn ».

En las Siebengebirge (Siete Colinas), en la parte norte de Königswinter, se encuentra Petersberg, un lugar idílico con pasado político. Donde vivieron en la Edad Media monjes cistercienses, surgió a principios del siglo XX un hotel que después de la Segunda Guerra Mundial se convirtió en la sede donde los aliados firmaron el «Acuerdo de Petersberg» y en las últimas dos décadas de la República de Bonn fue utilizado como «casa de huéspedes del gobierno».

Al confine nord di Königswinter, nella catena del Siebengebirge, sorge Petersberg, località idilliaca dall'importante passato politico. Là dove nel medioevo sorgeva un monastero cistercense, fu costruito agli inizi del XX secolo un albergo dove alla fine della seconda guerra mondiale si insediò il Comando degli Alleati e fu firmato il « Trattato di Petersberg ». Negli ultimi venti anni della cosiddetta Repubblica di Bonn era adibito a « Foresteria del Governo ».

牧歌的なペータースベルクはズィーベンゲビルゲ山地のキョーニヒスヴィンターの北端にあり、政治的過去を持つ。中世にはシトー派修道僧が住んでいたが、20世紀初めにホテルとなり、第二次大戦後連合軍はここで「ペータースベルク協定」にサインした。過去20年間は所謂ボン共和国の「迎賓館」として用いられてきた。

Am Zusammenfluss von Rhein und Mosel in Koblenz liegt das Deutsche Eck mit dem Kaiser-Wilhelm-Denkmal, das Wilhelm I. als Dank für die Einigung des Deutschen Reiches gewidmet wurde. Nach der Zerstörung des Reiterstandbildes im Zweiten Weltkrieg war der Sockel über fünf Jahrzehnte ein Mahnmal zur Wiederherstellung der deutschen Einheit, heute befindet sich eine Nachbildung der Reiterfigur an ihrem alten Standort.

The Rhine and Moselle rivers meet by the town of Koblenz, at the Deutsches Eck. It is also the site of the Kaiser Wilhelm monument which was built in honour of Wilhelm I for the unification of the German Empire. After the destruction of the equestrian statue during World War II, the plinth was left for five decades as a reminder in hope of German reunification, and today a copy of the statue is back in its old place.

Au confluent du Rhin et de la Moselle à Coblence se trouve le promontoire du Deutsches Eck flanqué de la statue de l'empereur Frédéric Guillaume, qui fut dédiée à Frédéric I en remerciement de l'unification de l'empire allemand. Après la destruction de la statue équestre au cours de la seconde guerre mondiale, le socle constitua pendant plus de cinq décennies un monument appelant à la restauration de l'unité allemande. La réplique de la statue est aujourd'hui posée sur son socle d'origine.

En la unión del Rin y el Mosela en Coblenza queda el Deutsches Eck con el Kaiser-Wilhelm-Denkmal, monumento dedicado al emperador Guillermo I como agradecimiento por la Unificación del Imperio Alemán. Tras la destrucción de la estatua ecuestre en la Segunda Guerra Mundial, el pedestal fue durante más de cinco décadas un monumento en exhortación de la restauración de la Unidad de Alemania. En la actualidad, una copia de la figura ecuestre ocupa su antiguo lugar.

A Coblenza, alla confluenza tra il Reno e la Mosella, si trova il Deutsches Eck, il cosiddetto «angolo tedesco» dove troneggia la statua di Guglielmo I basamento del monumento equestre, distrutto durante la seconda guerra mondiale, è stato per più di cinquant'anni un memoriale d'esortazione alla riunificazione tedesca. Oggi, sul quel basamento è stato posto un rifacimento della statua originaria.

コブレンツで、ラインとモーゼルが一つとなる。そこに、カイザー ヴィルヘルム デンクマール記念碑であるドイチェス エックがある。ヴィルヘルム一世がドイツ統一をなしたことへの礼として建てられたものだ。2次大戦により皇帝の騎馬像が破壊されてからはその台座が50年以上ドイツ統一への警鐘の役割を果たしていたのだが、今、騎馬像は複製され、元の位置に立っている。

»Du grünster der Flüsse«, schrieb bereits im Jahr 371 ein römischer Dichter über die Mosel. Entlang der 243 Kilometer langen deutschen Mosel zwischen Perl an der französischen Grenze und Koblenz, wo der Fluss in den Rhein mündet, erstrecken sich unzählige Weinberge in Steillage, die die Moselregion zu einem bekannten Weinbaugebiet machen. Hier bei dem Weinstädtchen Kobern-Gondorf macht der Fluss eine seiner vielen Schleifen.

A Roman poet called the Moselle "the greenest of all rivers" in 371. Along its 243 kilometres, between Perl by the French border and Koblenz, where the river flows into the Rhine, the Moselle is lined by countless vineyards on steep hillsides, which make the area a famous wine region. One of the river's many curves can be seen here, by the small wine-producing town of Kobern-Gondorf.

« Toi le plus vert des fleuves », écrivit en l'an 371 déjà un poète romain au sujet de la Moselle. Tout au long des 243 kilomètres de Moselle allemande entre Perl, à la frontière française, et Coblence, où le fleuve se jette dans le Rhin, s'étendent d'innombrables vignobles sur des pentes abruptes, qui font de la région de Moselle un domaine de viticulture très connu. C'est ici, près de la ville viticole de Kobern-Gondorf que le fleuve fait un de ses nombreux méandres.

«El más verde de los ríos», escribió ya en el año 371 un poeta romano sobre el Mosela. A lo largo de los 243 kilómetros que el Mosela recorre en territorio alemán entre Perl, en la frontera con Francia, y Coblenza, donde desemboca en el Rin, se extienden innumerables viñedos que convierten la región del Mosela en una conocida región viticultora. En la foto, el río traza uno de sus numerosos meandros en el municipio vinícola de Kobern-Gondorf.

«Tu, il più verde tra i fiumi», così un poeta romano celebrava, già nel 371, la Mosella. Lungo i 243 chilometri che la Mosella percorre in territorio tedesco, da Perl al confine con la Francia fino alla confluenza con il Reno all'altezza di Coblenza, si estendono i numerosi vigneti abbarbicati sui fianchi delle colline, che hanno reso l'omonima regione una zona vitivinicola famosa. Qui, nei pressi della cittadina di Kobern-Gondorf, vi è una delle molte anse del fiume.

ローマ詩人がモーゼルを「流れの中で一番青い流れよ」と讃えたのは、紀元371年のことであった。ドイツのモーゼル川は、フランス国境のペルルとラインに合流する地点コブレンツとの間、243キロメートルの長さの川である。そしてその全域を数え切れない数の急坂なぶどう畑が覆い、モーゼル地方を有名なワイン産地のひとつとしている。このワインの小都市、コーバーン-ゴンドルフでもモーゼル川の数多い蛇行のひとつが見られる。

Versteckt im Grün des Elzbachtals liegt die mittelalterliche Burg Eltz, die viele Jahre den 500-DM-Schein zierte. Die an der Elz, einem linken Nebenfluss der Mosel gelegene Märchenburg wurde dank glücklicher Fügungen nie zerstört. Seit über 800 Jahren befindet sie sich im Besitz der gleichnamigen Familie.

Hidden away in the green of the Elzbach Valley is the medieval Burg Eltz, whose picture was on the 500 mark note for many years. Situated by the Elz, a tributary to the left of the river Moselle, the fairytale castle was, fortunately, never destroyed. It has been owned by the family of the same name for more than 800 years.

Le château fort moyenâgeux d'Eltz, dissimulé dans la verdure de la vallée d'Elzbachtal, a pendant de nombreuses années orné le billet de 500 DM. Le château fort situé sur les bords de L'Elz, un affluent gauche de la Mosel-le, semble sorti tout droit d'un conte de fée et a échappé, grâce à une bonne étoile, à la destruction. Depuis plus de 800 ans, il appartient à la famille dont il tient le nom.

Escondido en el verde valle del Elz queda el castillo medieval de Eltz, que durante muchos años adornó los billetes de 500 marcos. Este castillo de cuento de hadas, situado junto al río Elz, un afluente izquierdo del Mosela, providencialmente nunca fue destruido. Desde hace más de 800 años es propiedad de la familia del mismo nombre.

Nascosta tra il verde dell'Elzbachtal sorge la fortezza medievale di Eltz, nota per essere stata riprodotta per lunghi anni sui biglietti da 500 DM. Grazie ad una serie di fortunate coincidenze, questo maniero da fiaba sulle rive dell'Elz, un affluente sinistro della Mosella, non è mai stato distrutto e da più di 800 anni è di proprietà dell'omonima famiglia.

中世の城ブルク エルツはエルツバッハタール渓谷の緑に隠れるようにある。500マルク紙幣を何年も飾っていた城だ。モーゼルの左岸にある支流、エルツに面したこの、童話にでてきそうな城は、運よく一度も破壊されたことがない。そして800年以上も、同じ名前を持つ家族に受け継がれている。

Die Skyline der Finanz- und Wirtschaftsmetropole Frankfurt: vorne links die Europäische Zentralbank, offizielle Ausgabebank des Euros, das schwarze Hochhaus rechts der Main Tower mit in 200 Metern Höhe gelegener Aussichtsplattform. Das Gebäude der Commerzbank dazwischen wurde 1997 von Star-Architekt Lord Norman Forster erbaut und überragt mit 259 Metern noch den Messeturm, das Gebäude mit dem spitz zulaufenden Dach links im Bildhintergrund.

The skyline of the financial and commercial centre of the city of Frankfurt: front left is the European Central Bank, the official Euro-issuing bank; the black high-rise to the right is the Main Tower with a panoramic platform 200 metres above ground. In-between, the Commerzbank building was constructed in 1997 by star architect Lord Norman Foster. At 259 metres, it even exceeds the Messeturm (Trade-Fair Tower), the pointed-roof building back left.

Silhouette de Francfort, métropole de la finance et du commerce : à l'avant gauche la Banque Centrale Européenne, banque officielle de l'émission de l'euro, à droite le gratte-ciel noir de la Main Tower et sa plate-forme panoramique située à 200 mètres en hauteur. Le bâtiment de la Commerzbank, situé entre les deux, fut érigé en 1997 par le célèbre architecte Lord Norman Forster et dépasse avec ses 259 mètres la tour du parc des expositions, bâtiment au toit en pointe que l'on peut voir à l'arrière plan gauche de la photo.

El perfil de la metrópolis financiera y económica de Francfort: delante a la izquierda se ve el Banco Central Europeo, banco emisor oficial del euro; el rascacielos negro a la derecha es la Main Tower, con una plataforma panorámica a 200 metros de altura. En medio queda el edificio del Commerzbank, construido en 1997 por el famoso arquitecto Lord Norman Forster, que, con 259 metros, es incluso más alto que la torre ferial, el edificio con el tejado acabado en punta en el fondo izquierdo de la foto.

La skyline della metropoli finanziaria ed economica di Francoforte: in primo piano, a sinistra, la Banca Centrale Europea, istituto d'emissione ufficiale dell'euro, a destra il grattacielo nero della Main Tower con la piattaforma panoramica a 200 metri d'altezza. Al centro, l'edificio della Commerzbank, costruito nel 1997 dal prestigioso architetto Lord Norman Forster, che con i suoi 259 metri d'altezza sovrasta la torre della fiera, la costruzione con il tetto a punta a sinistra, sullo sfondo dell'immagine.

財務、経済のメトロポールであるフランクフルトのスカイライン：手前左は公にユーロを発行しているヨーロッパ中央銀行、その右の黒い高層ビルが、200メートルの高みに展望台を持つマイン・タワー。両棟の間にあるコメルツバンクは、1997年にスター建築家、ロード・ノーマン・フォスターにより建てられ、259メートルの高さで、写真左奥に尖った先端をもつメッセ塔を凌いでいる。

Frankfurts Rhein-Main-Flughafen gilt als Europas wichtigster Flughafen. Im europäischen Wettbewerb belegt er nach London-Heathrow den zweiten Rang im Passagierverkehr, bei Luftfracht und Luftpost ist er die Nummer eins. Der Generalausbauplan 2000 sieht bis zum Jahr 2015 erhebliche Erweiterungen des Frankfurter Flughafens vor, um das zukünftige Verkehrsaufkommen bewältigen zu können.

Frankfurt's Rhine-Main Airport is regarded as the most important airport in Europe: it ranks second after London-Heathrow in passenger numbers and first in air freight and mail. According to official expansion plans of the year 2000, Frankfurt Airport is scheduled for considerable extensions until 2015, in order to cope with the expected volume of traffic.

L'aéroport de Francfort Rhin-Main est considéré comme le plus important d'Europe. En termes de concurrence européenne, il occupe la seconde place pour le transport de passagers après Londres Heathrow, et est le numéro un dans le domaine du transport et de la poste aériens. Le plan 2000 d'agrandissement général prévoit d'ici 2015 d'importantes extensions de l'aéroport de Francfort, afin de pouvoir gérer l'accroissement du trafic à venir.

El aeropuerto Rhein-Main de Francfort es considerado el más importante de Europa. Ocupa el segundo lugar del ranking europeo tras London Heathrow en cuanto al transporte de pasajeros, ocupando el número uno en carga y correo. El plan general de ampliación de 2000 prevé ampliar la capacidad del aeropuerto de Francfort hasta el año 2015 para poder hacer frente al futuro caudal de tráfico.

L'aeroporto Rhein-Main di Francoforte è considerato il più importante d'Europa. Nella classifica europea è il secondo scalo passeggeri dopo London-Heathrow, mentre è l'incontrastato numero uno per quel che concerne trasporto merci e posta aerea. Il piano di sviluppo generale 2000 prevede la realizzazione entro il 2015 di diverse opere d'ampliamento per garantire anche in futuro la competitività dello scalo di Francoforte.

フランクフルトのライン-マイン空港は、ヨーロッパで一番重要な空港とされている。ヨーロッパの旅客数ではロンドンのヒースローにつぎ第2位、空輸貨物と郵便物ではナンバーワンである。2000年の拡張計画によると、将来の交通量をこなすため、2015年までかなりな規模の拡張が予定されている。

Über der 800-jährigen Altstadt Heidelbergs thront die Ruine des Schlosses, in dem fünf Jahrhunderte lang die Kurfürsten der Pfalz residierten. Schon im 19. Jahrhundert zog die Stadt am Neckar die deutschen Romantiker an, die den »Mythos Heidelberg« schufen, von dem sich seither jährlich Hunderttausende von Besuchern bezaubern lassen.

Above the 800-year-old centre of Heidelberg tower the ruins of the castle, the Palatine Electors' residence for five centuries. In the 19th century, this city on the river Neckar attracted the German Romantics who created the "myth of Heidelberg", which has since captivated hundreds of thousands of visitors every year.

Les ruines du château d'Heidelberg, où ont vécu pendant cinq siècles les princes électeurs du Palatinat, trônent au-dessus de la vieille ville qui a plus de 800 ans d'histoire. Au 19e siècle déjà, la ville sur les rives du Neckar attira les romantiques allemands, qui contribuèrent au « Mythe Heidelberg », qui envoûte depuis lors chaque année des centaines de milliers de visiteurs.

Sobre el casco antiguo de Heidelberg, de 800 años de antigüedad, se encuentra la ruina del castillo, en el que residieron los príncipes electores del Palatinado durante cinco siglos. Ya en el siglo XIX la ciudad sedujo a los románticos alemanes, que crearon el «mito Heidelberg», que desde entonces atrae a cientos de miles de visitantes al año.

La città vecchia di Heidelberg, forte di 800 anni di storia, è dominata dai ruderi del castello dove per cinquecento anni risiedettero i principi elettori del Palatinato. Già nel XIX secolo la città sulle rive del Neckar attirò i romantici tedeschi, fautori del «Mito di Heidelberg», che da allora affascina ogni anno centinaia di migliaia di visitatori.

800年以上の歴史をもつハイデルベルク旧市街を統べるように、かつてプファルツ選帝侯が500年以上住んだ城の遺跡が立つ。ネッカー河ぞいのこの町は既に19世紀にドイツロマン派を惹きつけ、その「ハイデルベルク神話」は、毎年何十万人もの観光客を魅了し続けている。

Eines der größten und bedeutendsten romanischen Bauwerke in Deutschland ist der 1061 geweihte Kaiserdom zu Speyer. Acht deutsche Kaiser und Könige sind in seiner Krypta begraben. Die lang gestreckte Maximilianstraße führt vom Dom zu einem der höchsten deutschen Stadttore, dem Altpörtel, einem Teil der ehemaligen mittelalterlichen Stadtbefestigung (oben links). Das einer vierflügeligen Schlossanlage gleichende Gebäude links vom Dom beherbergt seit 1910 das Historische Museum.

The Kaiserdom (Emperor's Cathedral) in Speyer is one of the largest and greatest Romanesque edifices in Germany. It was consecrated in 1061, and eight German emperors and kings are buried in its crypt. The long Maximilianstraße leads from the cathedral to one of the highest German city gates, the Altpörtel, part of the former medieval fortifications (top left). To the left of the cathedral, the building resembling a four-winged palace has been the home of the Historisches Museum since 1910.

Un des ouvrages romans le plus imposant et important d'Allemagne est la cathédrale impériale de Speyer, consacrée en 1061. Sa crypte renferme la sépulture de huit empereurs et rois allemands. La longue rue Maximilian mène de la cathédrale à une des plus hautes portes citadines d'Allemagne, la porte Altpörtel, qui fait partie des anciennes fortifications de l'époque féodale (en haut à gauche). Le bâtiment à gauche de la cathédrale, qui ressemble à un château quatre façades, abrite le Historisches Museum depuis 1910.

Uno de los edificios románicos más grandes y más importantes en Alemania es la catedral imperial de Espira, consagrada en 1061. Ocho emperadores y reyes alemanes están enterrados en su cripta. La alargada calle Maximilianstraße conduce desde la catedral a una de las puertas más altas de Alemania, el Altpörtel (arriba, izquierda), que formaba parte de la antigua muralla medieval. El edificio semejante a un castillo de cuatro alas a la izquierda de la catedral alberga el Museo Histórico desde 1910.

Una delle più grandi ed importanti opere architettoniche romaniche della Germania è il Kaiserdom di Spira, consacrato nel 1061. Nella sua cripta sono sepolti otto tra imperatori e re tedeschi. Da qui si diparte la Maximilianstraße che prosegue rettilinea fino all'Altpörtel, una delle più alte porte cittadine della Germania ed unico resto dell'antica cinta muraria medievale della città (in alto a sinistra). L'edificio a sinistra del Duomo, simile ad un castello a quattro ali, è sede dal 1910 del Museo Storico del Palatinato.

ドイツロマネスク最大であり最も重要な建築のひとつであるシュパイヤーの皇帝大聖堂は、1061年に聖別された。8人のドイツ皇帝と王がその墓所に葬られている。このドームから、マキシミリアンシュトラーセ通りがアルトピョルテル門に長く続いている。これはドイツに残る最も高い市門のひとつで、中世にはこの町の要塞の一部であった(左上)。ドームの左に4つの翼をもつ城が見える。ここには1910年以来歴史博物館が入っている。

Blick auf Saarbrücken, Landeshauptstadt und mit rund 190 000 Einwohnern größter Ort des Saarlands: Im Bildmittelpunkt der Schlossplatz mit dem barocken Ensemble aus Schloss, Erbprinzenpalais, Altem Rathaus und Kreisständehaus. Die Gebäude tragen die Handschrift des Baumeisters Friedrich Joachim Stengel (1694–1787).

View of Saarbrücken, state capital of the Saarland and, with a population of around 190.000, its biggest city: at the centre is the palace square with the Baroque ensemble of the palace, the Erbprinzenpalais (residence of the hereditary prince), the Altes Rathaus (Old City Hall) and the Kreisständehaus (former district administration). The buildings are typical of their architect, Friedrich Joachim Stengel (1694–1787).

Vue sur Sarrebruck, capitale régionale qui, avec ses 190 000 habitants environ, est la plus grande agglomération de la Sarre. Au centre de la photo, la Schlossplatz (« Place du château ») avec son ensemble baroque constitué du Château, du Palais du prince héritier, du Altes Rathaus (« Vieil hôtel de ville ») et de la Kreisständehaus (« Palais des Etats des districts »). Les bâtiments portent la signature du maître d'œuvre Friedrich Joachim Stengel (1694–1787).

Vista de Sarrebruck, capital regional y, con unos 190.000 habitantes, la ciudad más grande del Sarre: en el centro de la foto se encuentran la Plaza del Castillo con el conjunto barroco formado por el Castillo, el Palacio del Príncipe, el Ayuntamiento Antiguo y la Kreisständehaus (antigua sede de la administración del distrito). Los edificios llevan la firma del arquitecto Friedrich Joachim Stengel (1694–1787).

Vista su Saarbrücken, capitale del Saarland e, con 190 000 abitanti, anche il maggiore centro urbano del Land: al centro della foto la Schlossplatz, con il complesso architettonico barocco formato dal castello, l'Erbprinzenpalais, il Vecchio Municipio e la Kreisständehaus, la casa delle corporazioni. Tutti gli edifici sono opera dell'architetto Friedrich Joachim Stengel (1694–1787).

ザールラントの州都であり同州最大の19万人都市、ザールブリュッケン：写真中央に、城、皇太子宮殿、旧市役所、郡の身分制議会議事堂などのバロック建築郡を集めたシュロスプラッツ広場がある。建築家フリードリヒ ヨアヒム・シュテンゲル（1694–1787）の手になる建物だ。

Für das Neue Schloss am Schlossplatz in Stuttgart wurden über hundert Jahre Bauzeit benötigt, bis es 1807 fertig gestellt war. Neben Repräsentationsräumen beherbergt es zwei Ministerien der Landesregierung. Das Alte Schloss auf dem Foto unten links wurde um 941 als einfache Wasserburg angelegt und bis ins 16. Jahrhundert zu einer Residenz der Grafen und Herzöge ausgebaut. Es ist heute Domizil des Württembergischen Landesmuseums.

It took over a hundred years to complete the building of Stuttgart's Neues Schloss (New Castle) in 1807. Apart from reception rooms it houses two ministries of the state government of Baden-Württemberg. The Altes Schloss (Old Castle, bottom left) was initially laid out as a simple moated castle in 941 and extended until the 16th century to become a residence for counts and dukes. Today it is the home of the Württembergisches Landesmuseum.

Il a fallu 100 ans pour mener à terme la construction du Neues Schloss (« Nouveau château ») sur la Schlossplatz à Stuttgart, en 1807. Outre des espaces de représentation, il abrite deux ministères du gouvernement régional. Le Altes Schloss (« Vieux château »), en bas à gauche, fut aménagé vers 941 en tant que simple château fort entouré d'eau, puis transformé jusqu'au 16e siècle pour devenir la résidence de comtes et ducs. Il est aujourd'hui le domicile du Württembergisches Landesmuseum (« Musée régional du Wurtemberg »).

El Palacio Nuevo junto a la Plaza del Palacio de Stuttgart se construyó a lo largo de más de cien años, siendo culminado en 1807. Junto a salas de representación alberga dos ministerios del gobierno regional. El Palacio Antiguo en la parte inferior izquierda de la foto fue concebido como simple palacio rodeado de agua hacia el año 941 y ampliado como residencia condal y ducal hasta el siglo XVI. Hoy alberga el Museo del Estado de Wurtemberg.

Per costruire il Neues Schloss, il castello sulla Schlossplatz di Stoccarda ultimato nel 1807, ci vollero più di cent'anni. Oltre alle sale di rappresentanza, l'edificio ospita due ministeri del governo del Land. L'Altes Schloss, sulla foto in basso a sinistra, eretto nel 941 come semplice fortezza sull'acqua, fu ripetutamente ampliato fino a diventare, dal XVI secolo in poi, residenza di conti e duchi. Oggi è sede di un museo, il Württembergisches Landesmuseum.

シュトゥットガルトのシュロスプラッツにある新しい城。1807年に完成するまで100年以上かかった。公式行事に使われる豪華な広間の他、州政府の2つの省が置かれている。写真左下の旧城は、941年に素朴な水城として建てられたもの。16世紀に伯爵、侯爵の居城として増築され、今日ではヴュルテンベルク州立博物館が納まっている。

Der Dom zu Augsburg prägt das Bild der 2000-jährigen Stadt. Berühmt sind die »Prophetenfenster« aus dem 12. Jahrhundert, die zu den ältesten erhaltenen Glasgemäldezyklen Deutschlands gehören. Die sich daran anschließende ehemalige Bischöfliche Residenz, in der 1530 die »Confessio Augustana«, das Augsburger Bekenntnis der evangelisch-lutherischen Kirche, verkündet wurde, ist heute Sitz der Regierung von Schwaben.

The cathedral of Augsburg is central to the image of the 2000-year-old city. Its famous "prophets' windows" from the 12th century are among the oldest remaining series of stained-glass windows in Germany. Adjacent is the former bishops' residence, where in 1530 the "Confessio Augustana" was proclaimed – the Augsburg profession of Protestant-Lutheranian belief. Today it is the seat of the regional parliament of Swabia.

La cathédrale d'Augsbourg façonne l'image de la ville vieille de 2000 ans. Les « fenêtres des prophètes » du 12e siècle sont célèbres et comptent parmi les plus anciens cycles de peinture sur verre d'Allemagne. L'ancienne résidence épiscopale qui y est attachée et où fut proclamée en 1530 la Confessio Augustana, la confession de foi de l'église luthérienne évangélique d'Augsbourg, est aujourd'hui le siège du parlement de Souabe.

La catedral de Augsburgo marca la imagen de esta ciudad de 2.000 años. Famosas son las «ventanas de los profetas» del siglo XII, uno de los ciclos de vidrio pintado más antiguos conservados de Alemania. La antigua Residencia Episcopal anexa, en la que en 1530 se expuso la «Confessio Augustana», la confesión de Augsburgo de la Iglesia evangélico-luterana, es hoy sede del gobierno regional de Suabia.

Emblema di Augusta, città con due millenni di storia alle spalle, è il Duomo cittadino. Celebri sono le cosiddette «finestre dei profeti» del XII secolo, tra le più antiche vetrate raffiguranti un intero ciclo pittorico ancora conservate in Germania. L'annessa residenza vescovile, dove nel 1530 fu proclamata la «Confessio Augustana», la professione di fede della chiesa evangelico-luterana, è oggi sede del governo regionale della Svevia.

アウグスブルクの大聖堂は、2000年の歴史を持つ町の景観を作っている。有名なのは、12世紀の「預言者の窓」。ドイツ最古の一連のガラス絵のひとつとされる。それに隣り合うかつての司教宮殿で1530年に、アウグスブルクの公示、「コンフェッショ アウグスターナ」として有名な、新教ルター派の公示が行われた。今ではシュヴァーベン地方の政治中枢が置かれている。

102

Das im Isartal gelegene Landshut ist Regierungshauptstadt Niederbayerns. Zu den großartigsten Sehenswürdigkeiten der Altstadt zählt der geschlossene Straßenzug mit gotischen Giebelhäusern aus dem 15. und 16. Jahrhundert. Rechts erhebt sich die St. Martinkirche mit dem höchsten Backsteinturm der Welt (knapp 131 Meter).

Landshut in the Isar valley, the capital of Lower Bavaria. Among the old city's abundant sights is a completely intact street with 15th- and 16th-century gothic gabled houses. Rising to the right is the church of St. Martin, which boasts the world's highest brick tower (almost 131 metres).

La ville de Landshut, installée dans la vallée de l'Isar, est la capitale administrative de Basse-Bavière. Parmi les curiosités touristiques les plus extraordinaires, les longs pans de rues, clos de part et d'autre par les maisons à pignon de style gothique datant des 15e et 16e siècles. A droite se dresse l'église St. Martinkirche, qui possède le plus haut clocher en briques du monde (près de 131 mètres).

La ciudad de Landshut, en el valle del Isar, es la capital del distrito de Baja Baviera. Entre las atracciones turísticas del casco antiguo cabe destacar el estrecho entretejido de calles con los tejados en punta de los siglos XV y XVI. A la derecha se distingue la iglesia St. Martinkirche con la torre de ladrillos más alta del mundo (unos 131 metros).

La città di Landshut nella valle dell'Isar, sede del governo della Bassa Baviera. Una delle maggiori attrazioni del centro storico è la via principale con la sua fuga di case in stile gotico con i tipici alti frontoni risalenti al XV e XVI secolo. A destra si erge la chiesa di St. Martin con il campanile in mattoni più alto del mondo (131 metri).

イザール渓谷にあるランツフートはニーダーバイエルンの行政首都。旧市街最大の名所として、15-16世紀ゴシック様式の切妻作りの家がみごとに並ぶ通りがある。右に、世界一高い煉瓦作りの塔を持つ聖マルティン教会が聳える(131 m弱)。

Aus dem Häusermeer der Münchner Altstadt erhebt sich der mächtige Backsteinbau des wohl berühmtesten Wahrzeichens der Stadt, der Frauen- kirche. Die spätgotische »Domkirche zu Unserer Lieben Frau«, so der offizielle Name, wurde 1468 bis 1488 von Jörg von Halspach erbaut. Die beiden Kuppeln auf den Türmen (»Welsche Hauben«) kamen erst 1525 hinzu.

Rising from a sea of rooftops in Munich's old city is surely the city's best known landmark, the mighty brick Frauenkirche (the Cathedral of Our Dear Lady). The late-Gothic edifice was built by Jörg von Halspach between 1468 and 1488. The twin onion domes – "Welsh bonnets"– were not added until 1525.

De la mer de maisons de la vieille ville émerge l'imposant bâtiment en briques qui constitue indéniablement le plus célèbre emblème de Munich : la Frauenkirche. De style néogothique, la Cathédrale Notre Dame – officiel- lement appelée « Domkirche zu Unseren Lieben Frau » – fut construite de 1468 à 1488 par Jörg von Halspach. Les deux coupoles dominant les tours surnommées « Welsche Hauben » furent ajoutées en 1525.

En el mar de casas de la ciudad antigua de Múnich se levanta el monu- mento tal vez más famoso de la ciudad, la Frauenkirche. La «Iglesia de Nuestra Señora», como reza el nombre oficial, del gótico tardío, fue cons- truida entre 1468 y 1488 por Jörg von Halspach. Las cúpulas bulbosas que coronan las torres fueron añadidas posteriormente, en 1525.

Sul mare di case del centro storico di Monaco spicca l'imponente edificio tardogotico della Frauenkirche, emblema per eccellenza della città. Il « Duomo di Nostra Signora », questo il nome ufficiale, fu edificato tra il 1468 e il 1488 da Jörg von Halspach. Le cupole delle due torri (dette « Welsche Hauben ») furono aggiunte solo nel 1525.

ミュンヘン旧市街の建物の渦の中からくっきりと立ち上がる偉大な煉瓦建築。市のシンボルの中でももっとも有名なフラウエンキルヒェ教会だ。後期ゴシック様式の「ドーム・ツー・ウンゼレン・リーベン・フラウ」(親愛なる我々の聖母のドーム)という公の名を持つこの教会はヨルク・フォン・ハルツバッハにより1468年から1488年までかかって建てられ、搭上の丸屋根(「ヴェルシェ ハウベン」)は1525年に載った。

Die imposante, neun Meter hohe Hafenfigur »Imperia« des Künstlers Peter Lenk begrüßt die einlaufenden Schiffe im Hafen von Konstanz. Am anderen Ende der Mole liegt das Gebäude, das durch das 1414–1418 hier abgehaltene Konstanzer Konzil in die Kirchengeschichte einging. Die Altstadt blieb im Zweiten Weltkrieg aufgrund der Nähe zur Schweizer Grenze weitgehend von Zerstörungen verschont, so auch das mächtige, zentral gelegene Münster »Unserer Lieben Frau« mit dem einzigartigen Originalteil »Majestas Domini« des Chores aus der Zeit um 1000.

The impressive, nine-metre-high statue "Imperia" by the artist Peter Lenk welcomes ships arriving in the port of Constance. The building at the other end of the mole made church history when the Constance Council took place here (1414–1418). Thanks to Constance's proximity to the Swiss border, World War II left most of the old town intact, such as the huge church of Unserer Lieben Frau (Our Dear Lady) in the heart of town, with its unique "Majestas Domini", an original part of the choir dating back to around the year 1000.

L'imposante statue portuaire de neuf mètres de haut « Imperia » de l'artiste Peter Lenk salue les bateaux qui entrent dans le port de Constance. De l'autre côté de la jetée se trouve l'édifice qui entra dans l'histoire ecclésiastique avec le Concil de Constance, qui s'y tint entre 1414 et 1418. Grâce à sa proximité avec la frontière suisse, la vieille ville fut largement épargnée pendant la seconde guerre mondiale, et c'est donc également le cas de l'immense cathédrale « Unserer Lieben Frau » située au centre ville, dont le chœur comporte une pièce authentique absolument unique datant de l'an 1000, le « Majestas Domini ».

La imponente figura portuaria «Imperia» del artista Peter Lenk, de nueve metros de altura, saluda los barcos que entran en el puerto de Constanza. En el otro extremo del muelle queda el edificio que ingresó en la historia eclesiástica por el Concilio de Constanza, celebrado aquí en 1414–1418. La ciudad antigua quedó en gran parte a salvo de los estragos de la Segunda Guerra Mundial a causa de la proximidad con la frontera suiza, como es el caso de la majestuosa catedral centralmente ubicada «de Nuestra Señora» con la excepcional pieza original «Majestas Domini» del coro, de alrededores del año 1000.

La statua Imperia, un'imponente figura di nove metri opera dell'artista Peter Lenk, accoglie le navi che giungono nel porto di Costanza. All'altra estremità del molo sorge il palazzo entrato a far parte della storia della chiesa con il Concilio di Costanza, qui svoltosi tra il 1414 ed il 1418. La vicinanza alla Svizzera fece sì che il centro storico della città non venisse praticamente toccato dalle distruzioni della seconda guerra mondiale. Vi si può ancora ammirare la maestosa e centralissima cattedrale di Nostra Signora, con l'originale ed insolito medaglione, «Majestas Domini», datato intorno al 1000, che decora il coro.

芸術家ペーター・レンクによる印象的な「イムペリア」像は、9メートルの高さで立ち、コンスタンツの港に入る船を迎えている。防波堤の向かいにある建物は、1414年から1418年にかけて行われたコンスタンツの司教会議によって、教会史に残る建物となった。スイス国境に近いところから、旧市街は二次大戦の戦禍をかなり免れ、中央に威容を見せる「ウンゼレ リーベ フラウ」司教座教会も、内陣の唯一のオリジナル部として紀元1000年の「マィエスタス ドミニ」も含めて残された。

Unweit von Konstanz liegt die Insel Mainau im Bodensee. Der heutige Insel-
besitzer Graf Lennart Bernadotte öffnete die Insel 1932 dem Publikum und
begann mit der Anlage eines botanischen Gartens. Die Mainau GmbH, die
ein vielseitiges Kultur- und Freizeitprogramm offeriert, ist zum größten
touristischen Unternehmen des Bodensees aufgestiegen.

The island of Mainau is in Lake Constance near the town of Constance.
Count Lennart Bernadotte, the current owner of the island, opened it to
the public in 1932 and began to lay out a botanical garden. "Mainau Ltd."
offers a wide range of cultural and recreational activities and has become
the biggest venture in the region's tourist industry.

L'île de Mainau se situe sur le lac de Constance, non loin de la ville du
même nom. Le propriétaire actuel de l'île, le Comte Lennart Bernadotte,
a ouvert l'île au public en 1932, et a entamé les travaux d'aménagement
d'un jardin botanique. La société Mainau GmbH, qui offre un programme
culturel et de loisir très varié, constitue aujourd'hui la plus importante en-
treprise touristique du lac de Constance.

En el Lago de Constanza, cerca de Constanza, está la isla de Mainau.
El propietario actual de la isla, el conde Lennart Bernadotte, abrió la isla
al público en 1932 y empezó a construir un jardín botánico. La Mainau
GmbH, que ofrece un amplio programa cultural y de ocio, se ha converti-
do en una de las empresas más grandes del Lago de Constanza.

Non lontano da Costanza, sull'omonimo lago, sorge l'isola di Mainau. Nel
1932 l'attuale proprietario dell'isola, il conte Graf Lennart Bernadotte, aprì
l'isola al pubblico e iniziò ad impiantarvi un giardino botanico. La Mainau
GmbH offre oggi un variegato programma culturale e per il tempo libero
ed è ormai una delle aziende turistiche più affermate del Lago di Costanza.

コンスタンツから遠くないボーデン湖にマイナウ島がある。現在の島の所有者、
レンナート ベルナドッテ伯爵が1932年にこの島を一般公開し、植物園を作っ
た。有限会社マイナウは、多彩な文化・レジャープログラムで、ボーデン湖最大
の観光業者となった。

Wo die Bundesländer Baden-Württemberg und Bayern sich treffen, da liegt Lindau, die Perle des Bodenseeufers. Seit 1805 gehört die schöne Inselstadt mit ihren malerischen Altstadtgassen, der Promenade und hübschen Hafenanlage zum Freistaat Bayern.

The states of Baden-Württemberg and Bavaria meet at Lindau, the pearl of Lake Constance. Since 1805, the beautiful island town with its picturesque alleys, promenade and pretty harbour has been part of Bavaria.

Lindau, la perle des rives du lac de Constance, se trouve à la frontière entre les land du Bade-Wurtemberg et de la Bavière. Cette belle ville-île, avec ses pittoresques ruelles de vieille ville, sa promenade et son joli port, appartient depuis 1805 à l'Etat Libre de Bavière.

En la frontera de los estados federados de Baden-Wurtemberg y Baviera se encuentra Lindau, la perla a la orilla del Lago de Constanza. Esta bella ciudad insular con sus pintorescos callejones, el paseo marítimo y el bello puerto pertenece desde 1805 al Estado Libre de Baviera.

Sul confine tra i Länder federali del Baden-Württemberg e della Baviera sorge Lindau, la perla della regione rivierasca del Lago di Costanza. Dal 1805 la cittadina insulare, con i suoi caratteristici e pittoreschi vicoli, il passeggio ed il porticciolo, fa parte del Libero Stato di Baviera.

ボーデン湖畔の真珠、リンダウはバーデン・ヴュルテンベルク州とバイエルン州が接する所にある。この美しい島の町は、絵のような旧市街の小路やプロムナードや港をもって、1805年以来バイエルン共和国の町として賑わっている。

Der liebste Rückzugsort von Ludwig II.: Schloss Neuschwanstein, nach Entwürfen des Königs ab 1868 in unvergleichlicher Lage über Alp- und Schwansee im Allgäu errichtet. Nach dem Tod des Königs im Jahr 1886 wurde Neuschwanstein dem Publikum geöffnet und gehört heute zu den meistbesuchten Schlössern und Burgen Europas.

Ludwig II's favourite retreat: Neuschwanstein Castle was built from 1868 to the designs of the king. It occupies a unique position above two lakes, the Alpsee and Schwansee, in the Allgäu region. After the king's death in 1886, the castle was opened to the public. Today it is one of the most visited castles in Europe.

Le lieu de villégiature préféré de Louis II : le château de Neuschwanstein, érigé d'après des plans du Roi à partir de 1868 en un lieu d'une beauté sans pareille, au-dessus des lacs de Alpsee et Schwansee, dans l'Allgäu. Neuschwanstein, qui fut ouvert au public après la mort du roi en 1886, compte aujourd'hui parmi les châteaux les plus visités d'Europe.

El lugar de retiro preferido por Luis II: el castillo de Neuschwanstein, construido desde 1868 según planes del rey en un escenario incomparable sobre los lagos de Alp y Schwan en el Allgäu. Tras la muerte del rey en el año 1886 Neuschwanstein fue abierto al público, y cuenta hoy entre los castillos y palacios más visitados de Europa.

Il rifugio prediletto di Ludwig II di Baviera: il castello di Neuschwanstein, che si staglia in posizione impareggiabile sui laghi Alpsee e Schwansee, nella regione dell'Allgäu, fu eretto a partire dal 1868 su progetto dello stesso sovrano. Dopo la morte del re nel 1886, Neuschwanstein fu aperto al pubblico ed è oggi uno dei castelli più visitati d'Europa.

ルードヴィヒ二世のお気に入りの逃避場であったノイシュヴァンシュタイン城。王の構想によりアルゴイ地方のアルプ湖とシュヴァーン湖を望む比類のない地に1868年から建て始められた。1886年、王が亡くなると、この城は一般に開放され、ヨーロッパで最も訪れる者が多い城のひとつとなっている。

Am Westrand des Wettersteingebirges erhebt sich die Zugspitze, mit 2962 Metern der höchste deutsche Berg und zugleich Grenzberg zwischen Deutschland und Österreich. Ihren Namen verdankt die Zugspitze den vielen Lawinenzügen an ihren Steilhängen. Wer die Mühen einer Bergwanderung scheut, kann die Bergspitze, die einen herrlichen Weitblick über die Alpen bietet, auch mit einer Zahnradbahn oder Seilbahn erreichen.

The Zugspitze rises on the western edge of the Wetterstein mountain range. At 2.962 metres, it is the highest German mountain and lies right on the border between Germany and Austria. Its name derives from the many avalanche tracks ("Lawinenzüge") on its steep slopes. Those who want to spare themselves the effort of a climb can use a funicular railway or a cable car to reach the mountain top and enjoy a magnificent panoramic view over the Alps.

En bordure ouest du massif du Wetterstein s'élève le Zugspitze, avec ses 2962 mètres la plus haute montagne d'Allemagne, qui fait aussi frontière entre l'Allemagne et l'Autriche. Elle tient son nom des nombreuses avalanches qui dévalent ses flancs escarpés. Ceux qui craignent l'effort d'une ascension en montagne peuvent également accéder en crémaillère ou funiculaire au sommet du Zugspitze, qui offre une vue lointaine et imprenable sur les Alpes.

En el margen occidental del macizo montañoso de Wetterstein se eleva el Zugspitze, con 2.962 metros el pico alemán más alto y frontera entre Austria y Alemania. El nombre de Zugspitze hace referencia a los numerosos aludes que se producen en sus pendientes. Quien no se atreva con una excursión de montaña puede alcanzar la cima, desde la que se divisa una imponente vista sobre los Alpes, con un funicular o un teleférico.

Sul margine ovest della catena del Wetterstein s'innalza la Zugspitze, con i suoi 2962 metri d'altezza la più alta vetta tedesca, ed al contempo spartiacque tra Germania ed Austria. La Zugspitze deve il suo nome alla denominazione tedesca dei solchi impressi lungo i suoi fianchi dal rotolamento delle slavine. Chi non ama gli strapazzi di un'escursione in montagna, può raggiungere la vetta - da cui si gode un'incantevole vista sulle Alpi - con il trenino a cremagliera o la funivia.

ツークシュピッツェは2962メートルのドイツの最高峰で、ヴェターシュタインゲビルゲ山脈の西端にある。ドイツとオーストリアを分ける山でもある。この名の由来は、急斜面を下るたくさんの雪崩の行列（ツーク）。登山の労を厭う人のためには、フニクラとケーブルカーが通っており、山頂からアルプスの素晴らしい遠景を楽しむことができる。

Dirk Laubner, geboren 1961 in Bonn, hat sich auf die Luftbilddokumentation spezialisiert. Seine Fotografien waren auf zahlreichen Ausstellungen zu sehen und wurden von verschiedenen Zeitungen und Zeitschriften im In- und Ausland veröffentlicht. Bei Nicolai erschienen bereits mehrere Bildbände von ihm, zuletzt „Berlin aus der Luft fotografiert" und „Köln und Umgebung aus der Luft fotografiert".

Dirk Laubner, born in Bonn in 1961, specialises in aerial photography. His pictures have been widely exhibited and have appeared in a range of newspapers and magazines, both in Germany and abroad. Nicolai have published several books of his photographs, most recently "Berlin aus der Luft fotografiert" and "Köln und Umgebung aus der Luft fotografiert".

Dirk Laubner, né en 1961 à Bonn, s'est spécialisé dans la prise de vue aérienne. Il a exposé à maintes reprises et a publié ses photographies dans divers journaux et revues tant en Allemagne qu'à l'étranger. Nicolai a également publié plusieurs de ses ouvrages de photographies, notamment « Berlin aus der Luft fotografiert » (« Vues aériennes de Berlin ») et « Köln und Umgebung aus der Luft fotografiert » (« Vues aériennes de Cologne et ses environs »).

Dirk Laubner nació en 1961 en Bonn y se ha especializado en documentación fotográfica desde el aire. Sus fotografías se han podido admirar en numerosas exposiciones y se han publicado en varios periódicos y revistas, tanto en Alemania como en el extranjero. La Editorial Nicolai ha editado varios catálogos con sus fotografías, recientemente «Berlin aus der Luft fotografiert» y «Köln und Umgebung aus der Luft fotografiert».

Dirk Laubner, nato a Bonn nel 1961, si è specializzato nella documentazione fotografica aerea. I suoi lavori sono stati esposti in numerose mostre e pubblicati su vari giornali e riviste nazionali ed internazionali. Di questo fotografo Nicolai ha pubblicato diversi volumi illustrati, tra cui, di recente, "Berlin aus der Luft fotografiert" e "Köln und Umgebung aus der Luft fotografiert" con vedute aeree di Berlino, il primo, e di Colonia e dintorni, il secondo.

ディルク・ラウプナーは1961年ボンに生まれた航空写真ドキュメントの専門家だ。その作品は多くの展覧会、国内外の数多の新聞、雑誌で公開された。ニコライ出版からは既にたくさんの写真集が出版されたが、最近のものでは「空からのベルリン」、「空からのケルンとその周辺」がある。

© 2005 Nicolaische Verlagsbuchhandlung GmbH, Berlin
Bildlegenden: Christiane Weidemann, Frauke Petersen
Lektorat: Diethelm Kaiser, Berlin
Redaktionelle Mitarbeit: Katja Klier, Berlin
Übersetzungen:
englisch: Katja Klier, Berlin
französisch: Aurore Picavet, Brüssel
spanisch: Montserrat González, Berlin
italienisch: Maria Cristina Francesconi, Berlin
japanisch: Masami Ono-Feller, Bergisch-Gladbach

Repros: Mega-Satz-Service, Berlin
Druck und Bindung: Rasch, Bramsche

Printed in Germany

ISBN 3-89479-156-x

Berlin aus der Luft
fotografiert von Dirk Laubner
dt. / engl. / frz.
Broschur   € 12,90 / sFr 22,60   3-89479-220-5

Köln und Umgebung aus der Luft
fotografiert von Dirk Laubner
dt. / engl. / frz. / span. / ital. / jap.
Broschur   € 12,90 / sFr 22,60   3-89479-123-3

Potsdam aus der Luft
fotografiert von Dirk Laubner
dt. / engl. / frz. / span. / ital.
Broschur   € 12,90 / sFr 22,60   3-87584-286-3

München und Oberbayern aus der Luft
fotografiert von Dirk Laubner
dt. / engl. / frz. / span. / ital. / jap.
Broschur   € 12,90 / sFr 22,60   3-89479-103-9